现代幼儿园科学活动案例

壹步 幼儿学习资源 Pre-School Learning Resources　著

復旦大學 出版社

前 言

　　玩教具在幼儿认知的初始阶段扮演着极其重要的角色。伴随着信息技术的日新月异，信息化玩教具也逐渐进入学前教育工作者的视野。欧美国家早在20世纪90年代就开始了信息化玩教具在幼儿园中的运用研究，有数据表明，信息化玩教具在激发幼儿参与兴趣、提高注意力集中时长以及学习效果方面较之传统玩具有显著作用。

1989年欧盟教育文化执行署在ICT对早教的评估中，委托芬兰赫尔辛基大学对600个0~6 岁孩子做了研究（见下图）：

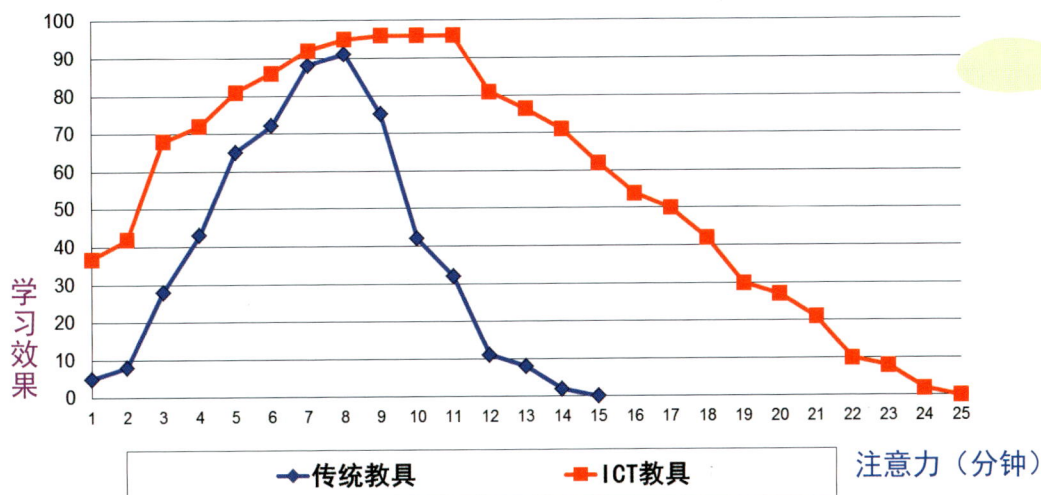

学习效果（纵轴）／注意力（分钟）（横轴）
传统教具　　ICT教具

　　信息化玩教具由于其方便整合线下及线上资源的属性，给幼儿教师带来了许多便利和启发，更重要的是给幼儿带来了全新的知识建构方式。

　　本书以信息化玩教具作为手段，整合了学前科学教育领域的知识内容。编者从2010年起，走访了北京、天津、上海、广州等地100余家幼儿园及500余名一线骨干幼儿老师，充分听取了教育信息化背景下幼儿园对信息化玩教具的实际需求，为本书的编写打下了坚实基础。

　　几年来的研究、运用实践表明，信息化玩教具在幼儿园的科学教学和活动中发挥了独特的作用，提升了幼儿园科学教育装备水平，成为幼儿园学前教育信息化的有力补充。与传统玩教具相比，现代信息化玩教具有以下几个突出特点。

① 整合线上线下资源，激发幼儿阅读兴趣、提高阅读效率

　　绘本阅读已成为幼儿早期阅读的主流。通过提供"无线语音系统"，自带语音文件格式转化程序及海量的故事资源，可以很方便地把线上线下绘本故事导入幼儿专用耳机，使幼儿早期阅读从"看"到"听"，再到"边听边看"，非常符合幼儿认知规律，在阅读环境下，互不干扰，特别有利于幼儿的个别化阅读。

② 以信息化手段，将学习材料"低结构化"，易于让幼儿建构知识体系

建构主义大师皮亚杰博士认为，孩子真正理解的知识是通过自己的认识以及自己的创造来实现的。与皮亚杰一起工作过的数学家西蒙·帕佩特博士，特别将LOGO语言（图标符号语言）设计成能用于帮助儿童进行建构学习和思考的计算机语言，为儿童的知识建构过程独辟蹊径。在教育实践中，可为幼儿提供进行LOGO编程的机器人玩教具，使幼儿能够轻松愉快地以编辑命令方式自主与机器人交流，并通过运行机器人及时观察和验证预期的结果，在从失败到成功的探索过程中建构新的知识。

③ 以信息化手段助力幼儿个别化学习

个别化学习常见的问题是幼儿不按老师预设的方向进行活动，再就是一些经典的活动设计难以传承。在教育实践中，提供语音互动产品、拍照摄像设备可弥补这方面的不足。语音产品可以帮老师录下足够多的指引与要求，与区角材料搭配投放可让幼儿的个别化学习事半功倍。专供幼儿使用的防摔拍照摄像设备，可以从儿童的视角来记录，不会再错过任何精彩的活动。

本书在结构体系方面，将幼儿科学活动分为物质科学、生命科学、地球科学、现代科技及数学五个部分，基本上涵盖了目前幼儿科学学习的主要内容。在重视对幼儿进行基础的科学启蒙同时，特别强调现代科技在幼儿科学教育中的重要性，单独列为一部分。根据《3~6岁儿童学习与发展指南》对不同年龄段的要求，本书在活动设计时充分考虑了各年龄段的典型特征，有针对性地开发了120个活动以适应大中小班的使用。

本书最大的特点是将信息技术融入幼儿科学教育中，活动设计也力求尽可能地为幼儿提供信息化的环境，具有实用性、指导性和前瞻性。希望本书能为老师们，尤其是幼儿老师们设计科学活动提供有益参考。

编者
2016年11月

总目录
General Contents

目录 Contents

物质科学 水

运水小帮手

小班

活动目标

1. 感知水的流动性。

2. 了解一些物体能吸水的特性。

3. 开动脑筋学会根据不同情景选择并运用合理的运水工具或小道具。

活动准备

1.材料准备

智能玩水套装以及各类有待幼儿选择的运水工具（幼儿科研套装、桌面计量中心以及补充材料：海绵、纸巾、乒乓球、小石头等）。

2.搭建活动场景

教室后方预备一大桶干净的自然水，教室中间放置3～4个脸盆，其中各放一只或几只语音玩水海龟。

活动过程

1.导入问题

教师引导幼儿们让脸盆里的小海龟发音（事先录制语音"怎么退潮了""家里没水啦""小朋友们快来帮我运点水呀"等），接着引出运水任务并介绍各种运水工具。

2.自主选择运水工具进行运水

教师将幼儿分为3～4组，每组配备一套相同的运水工具，让幼儿自主选择运水工具为海龟运水，期间鼓励幼儿尝试多种运水方式，并观察其运水效果。

3.讨论以及经验分享

运水结束后，教师与幼儿一起讨论，鼓励并引导幼儿将尝试过的运水方式的效果描述出来，同时教师应引出有些物体能吸水而有些不能吸水的概念。

延伸活动

深入思考：如果要取一定量的水又应该选择哪个工具呢？（应选择带有刻度的工具）

教师指导建议

① 建议活动在夏天进行，并在游戏中注意是否有幼儿将衣服弄湿，如有在游戏后应及时给幼儿擦干或换上干的衣物，以免幼儿着凉。

② 教师可告知幼儿水的珍贵，教导幼儿节约用水。

科学小知识

水的特性是无色、无味、透明的，且具有流动性，没有固定的形状。

物质科学 MATERIAL SCIENCE

调色大师

1.知道红、黄、蓝三种颜色是三原色。

2.体验通过三原色配比颜色的乐趣。

教师指导建议

① 建议活动在夏天开展。

② 鼓励幼儿多尝试新的颜色配比，表述自己的发现。

③ 室内可放一个大的颜色回收桶，让幼儿们可以将配好的不需要的颜色倒入桶中，最后也可以观察桶中的颜色。

科学小知识

① 颜料三原色红黄蓝任意一色都不能由另外的两色混合产生，而其他颜色却可以利用三原色配比而成，所以色彩学上才将这三个独立的颜色称为三原色。

② 红色+黄色=橙色；
红色+蓝色=紫色；
黄色+蓝色=绿色。

活动准备

1.材料准备
幼儿科研套装(滴管、试管)、守恒量具、水、颜料（红黄蓝三色）、彩色笔、填色画纸（葡萄、树叶、橘子）。

2.搭建活动场景
课前先用颜料与水调配好三原色水装入守恒量具中，将幼儿分组，每组配备幼儿科研套装让幼儿进行配色体验。

活动过程

1.欣赏美丽的彩色世界
教师出示各种美丽的彩色图画或照片，引导幼儿欣赏并尝试说出各个色彩名称，然后让幼儿说说看身边的色彩。

2.简单介绍三原色
教师拿出配置好的三原色水，简单介绍三原色是红、黄、蓝这三种，并且用这三种颜色两两混合能得到新的颜色。

3.幼儿进行颜色配比
拿出填色画纸，教师引出实验："三原色里没有葡萄、树叶和橙子的颜色，小朋友来试试看调出它们的颜色吧。"每组随机发一张。
引导幼儿们利用幼儿科研套装来尝试颜色配比，最后将正确颜色涂上去。

4.分析总结
让幼儿们在班级中分享自己的配色成果，最后总结配色方案。

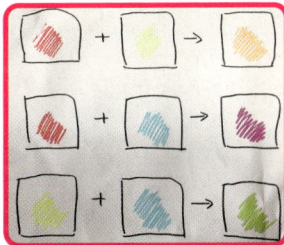

延伸活动

幼儿们可以尝试配比看看还能出现什么颜色，记录下来并分享。

溶解

小班

1.感受溶解现象。

2.了解一些常见的能溶于水的物质以及一些不溶于水的物质。

3.简单了解饱和现象以及温度能影响溶解速度的常识。

🔬 活动准备

1.材料准备

桌面计量中心（勺子），幼儿科研套装（滴管），守恒量具，搅拌棒（或筷子），水，盐、白沙糖、石子、细沙、大米等待放入水中的物质。

2.搭建活动场景

先进行分组，每组桌上放置装有一半水的透明守恒量具，准备实验的物质也分组放在桌上供幼儿实验。

⚛ 活动过程

1.以实验引出探究活动

教师让幼儿们自己尝试选择一样物质，取一些倒入水中观察现象，发现有的不见了，而有的没有变化，激发幼儿进一步探究的兴致，随后教师引入溶解的概念。

2.讨论与实验同步进行，幼儿们记录实验结果

剩下的一些能溶解吗？请幼儿们猜测一下并验证自己的猜测，记录实验结果，描述一下实验现象。

3.成果分享及讨论

幼儿们分享记录成果，看看大家是否都一致，拓展思维，还知道身边哪些常见物质是能溶于水的，哪些是不能溶于水的吗？

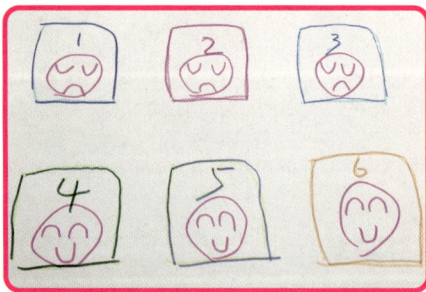

⚗ 延伸活动

1.教师另取一个守恒量具，在课上演示一边加盐一边不断搅拌，直至盐不再溶解，让幼儿看到饱和现象，引入饱和这个概念。

2.教师再另外倒两杯水，一杯常温一杯热水，往里加入白砂糖，无需搅拌，发现放热水的那杯溶解明显更快，让幼儿们知道温度能影响溶解速度。

小班

物质科学
MATERIAL SCIENCE

七彩泡泡秀

1.观察到无论用哪种形状的泡泡棒拉出的泡泡都是圆的。

2.知道泡泡的七彩颜色其实是太阳光的颜色。

3.娱乐中体会科学。

教师指导建议

①建议活动在夏天但阳光不太强烈的时候开展，注意幼儿的防晒工作。

②教师注意幼儿安全。

科学小知识

①对于肥皂泡而言，由于表面张力的存在，肥皂泡的薄膜会尽可能收缩到最小，在同样体积的情况下，球体的表面积最小。

②泡泡的七彩色是由于光的色散现象或者薄膜干涉现象。

③光的色散是由于日光为多种单色光混合，由于各种光折射率的不同而分散出现五颜六色。

④薄膜干涉则是由于光具有波动性，在前后膜的作用下出现五彩的干涉条纹。

活动准备

1.材料准备
泡泡棒套装。

2.搭建活动场景
教师根据人数分组，一组不超过4人，每组配备一套泡泡棒套装。

活动过程

1.准备室外活动
教师将分好的小组带领到室外，分发泡泡棒套装，在托盘里倒好特制泡泡水。

2.快乐泡泡秀
教师让幼儿们自己玩耍，鼓励幼儿交换不同形状的泡泡棒拉拉看，提醒幼儿观察现象，泡泡都是什么形状的？想一想为什么泡泡都是彩色的呢？

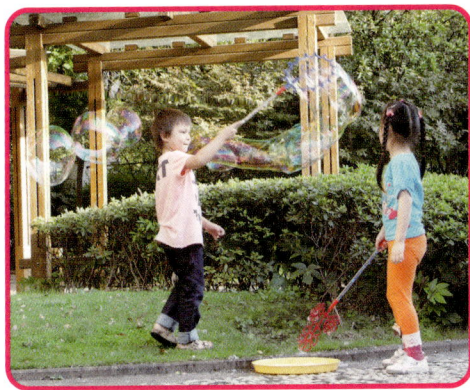

3.讨论与总结
让幼儿们发挥想象讨论刚才的两个问题，最后由教师来简单介绍一下科学小知识，不需要介绍得很深入，知道现象及简单原因即可。（七彩的泡泡其实是太阳光的颜色）

延伸活动

可以利用泡泡棒组织开展一些小游戏，比比看谁拉出的泡泡最特别。

魔术沙

小班

1.体验魔术沙的神奇。

2.通过神奇的现象激发幼儿对科学探究的兴趣。

教师指导建议

建议活动在夏天开展。

科学小知识

魔术沙表面经过染色和特殊的防水处理，完全不会被水沾湿，和油不溶于水的原理类似。不同的是，油会浮在水面上，而魔术沙会沉在水底，且在水中可以像黏土一样任意塑形。

活动准备

1.材料准备

魔术沙、普通沙子、盆子以及水。

2.搭建活动场景

根据盆子大小分组，让每个幼儿都体验魔术沙的神奇。

活动过程

1.教师演示普通沙

"小朋友们，老师手里拿着的这些是什么？"幼儿们纷纷回答并猜测放入水中的现象后，教师在一个小盆子中做演示实验，发现普通沙放入水中后就湿了且没办法塑形。

2.幼儿试验魔术沙

教师分发魔术沙让幼儿放入水中再试试看，发现魔术沙不沾水而且在水中能够塑形，再将魔术沙拿出看看，它又变成了和普通沙子一样！

3.水中塑形比赛

幼儿根据自己的想象在水中塑形，大家来比一比谁做得更漂亮。

物质科学
MATERIAL SCIENCE

奇妙的沉浮

1.感知水中浮力的存在。

2.观察物体的沉浮状态，初步认识沉浮。

教师指导建议

① 建议活动在夏天开展。

② 教师应鼓励幼儿勇敢表达，描述自己观察到的现象。

科学小知识

① 物体在水中的沉浮状态与它自身的密度有关。密度小于水的浮上来，密度等于水的处于悬浮状态，密度大于水的则沉下去。

② 物体的沉浮状态与其浮力和重力的大小之比有关。浮力等于重力，物体将会浮着；浮力小于重力，物体则会沉在水底。

活动准备

1.材料准备

守恒量具、幼儿科研套装(试管)、水以及各类有待观察的沉浮物（熟鸡蛋、乒乓球、空心塑料小球、小石子、树叶等）。

2.搭建活动场景

教师根据人数将幼儿分成几组，每组桌上放置一个透明试管，试管中放入一个空心塑料小球。

活动过程

1.小问题引入沉浮主题

教师引出问题："小朋友们，桌上的试管中有颗空心塑料小球，在不能移动试管的前提下，谁能帮我把它拿出来呢？"让幼儿们开始讨论与尝试，引导幼儿们联想到用加水的办法，随后取得空心塑料小球。

2.观察其他沉浮现象

教师将准备好的沉浮物放入加了水的透明守恒量具中，让幼儿们注意观察这些物体的沉浮状态，分组探究。

3.分享以及讨论

引导幼儿了解物体在水中有沉有浮，让幼儿们看一看、说一说哪些沉下去，哪些又浮上来了，数一数各有几个，初步分一分类。

↓沉   ↑浮

延伸活动

1.教师可另外拿出一些随身物体，如钥匙等，让幼儿们猜测这些物品放入水中是沉还是浮，然后由教师在讲台上进行实验以验证猜测结果。

2.教师最后可尝试放入水球，请幼儿们再看一看它的沉浮状态，发现它是悬浮的，引入第三种沉浮状态：悬浮。（水球：装满水的气球）

3.请幼儿回家在家长的伴同下尝试水油分离实验，观察实验现象。

水的三态

中班

活动目标

1.知道水有三态，即水蒸气、水以及冰。

2.感知水的三态转化。

活动准备

1.材料准备

桌面计量中心（量杯），热水（建议在40℃左右）、常温水以及冰块。

2.搭建活动场景

活动前三天用500ml的量杯盛放500ml的常温水，放置在高处，放置时请幼儿观察水量为500ml。

活动过程

1.观察水杯中的水

教师取来活动前放置的量杯，让幼儿观察水量，引导幼儿描述观察结果，发现量杯里的水少了将近20ml，它跑哪里去了呢？

2.幼儿对实验结果进行讨论猜想

教师让幼儿展开丰富的想象，思考讨论这些水都跑哪里去了？最后由教师引申到水的另一态——水蒸气。再尝试问问幼儿们还见过什么形式的水。

3.感知冰水转化

教师拿出准备好的冰块，由生活经验引导幼儿说出冰块是水变成的，让幼儿们握一握，手里就有由冰转化成的水啦。

4.简单介绍水的科普小常识

实验后，由教师简单介绍关于水的科普小常识：三态的转化。可以让幼儿摸一摸分别装有热水（不高于40℃）、常温水以及冰块的量杯，感知温度的不同，简单了解水的三态与温度的关系。

延伸活动

让幼儿们思考，平时接触的水是冷是热，冬天爱喝热水，夏天爱喝加冰块的饮料，它们中就有水的三态。

教师指导建议

① 建议活动在夏天开展。

② 活动中可提醒幼儿要小心水蒸气以及滚烫的水，并且夏天不可多喝冰饮料。

③ 在夏天，500ml量杯的水放置3天能减少约20ml。

科学小知识

① 在一般地区（除高原等高海拔地区），即一个标准大气压下，水在100℃左右会沸腾，最大化地转化为水蒸气，这个温度也称为沸点。

② 冰在0℃时将会融化成水，这个温度称为熔点。

③ 水是自然界中唯一一种三态同时并存的物质。

物质科学 MATERIAL SCIENCE

我来改变沉浮1

探究改变沉浮状态的方法。

① 建议活动在夏天开展。
② 教师应引导幼儿展开想象，本活动知识点较多，教师要耐心引导。

科学小知识

① 通过改变物体密度可以改变沉浮状态。
② 通过改变溶液的密度也可以达到改变沉浮状态的目的。
③ 死海的水含盐量极高，且越到湖底越高，是普通海洋含盐量的10倍，所以它的密度比一般的海水要高许多，这也就是为什么人能够躺在死海海面上的原因。

活动准备

1.材料准备

守恒量具、幼儿科研套装(试管)、水、小石块、大米、盐以及熟鸡蛋。

2.搭建活动场景

教师根据幼儿人数进行分组，每组桌面准备一个装有水的守恒量具，一个空试管以及一些小石块和大米。

活动过程

1.简单复习"奇妙的沉浮"

教师简单复述"奇妙的沉浮"活动的成果，归纳三种沉浮状态，引入改变沉浮状态的主题。

2.观察试管的沉浮，根据"奇妙的沉浮"所学知识，尝试改变它的沉浮状态

请幼儿将试管放入桌面上装有水的守恒量具中，引导幼儿将自己所观察到的现象在组内描述分享，并讨论、探究怎样改变它的沉浮状态，提醒幼儿可以尝试在试管中加入大米和石块来改变试管的沉浮状态。

3.幼儿动手实验，实现三种沉浮状态

让幼儿自己增减试管中大米和石块的数量来实现三种沉浮状态，过程中教师可适当加以辅导帮助。

4.分析讨论

实验过后请幼儿描述实验过程并分析实验结果，教师由实验成果简单介绍密度，同一大小的物体越重密度越大。

延伸活动

深入思考：每组发一个熟鸡蛋以及一些盐，让幼儿尝试通过改变溶液密度的方式来改变物体的沉浮状态。

我来改变沉浮2

大班

活动目标

进一步探究改变沉浮状态的方法——通过改变物体的形状。

活动准备

1.材料准备

守恒量具以及可塑橡皮。

2.搭建活动场景

教师根据幼儿数量进行分组，每组桌面上准备一个装有水的守恒量具以及几块可塑橡皮（搓成圆或方形，不要片状）。

活动过程

1.简单复习 "我来改变沉浮1"

教师简单复述 "我来改变沉浮1" 活动的成果，归纳三种沉浮状态，说明通过密度来改变沉浮状态的方法，并引入另一种改变沉浮的方法。

2.观察可塑橡皮的沉浮，根据 "奇妙的沉浮" 所学知识，尝试改变它的沉浮状态

请幼儿将可塑橡皮放入桌面上装有水的守恒量具中，引导幼儿将自己所观察到的现象在组内描述分享，并讨论探究怎样改变它的沉浮状态，由教师引导，让幼儿通过改变可塑橡皮的形状改变浮力大小，以实现改变沉浮状态。

3.幼儿自己动手实验并分析讨论

让幼儿自己来尝试改变可塑橡皮的形状，看看怎样才能使可塑橡皮浮在水面上，最后请幼儿来分享自己的实验成果，在班内进行讨论。

延伸活动

请幼儿们回家在家长的帮助下，试试通过在物体上绑重物或者泡沫来改变物体的沉浮状态。

教师指导建议

建议活动在夏天开展。建议与 "我来改变沉浮1" 活动开展的间隔时间不要过长。

科学小知识

① 通过改变物体所受浮力的方法可以改变沉浮状态。

② 浮力的大小与排水量成正比，将可塑橡皮捏成空心船状可增大它的排水量，进而增大它的浮力，使得浮力大于重力，可塑橡皮就能浮起来了。

③ 薄片状的可塑橡皮也能浮在水面上是因为水的表面张力的原因，如幼儿没做到这个现象就没必要提及，后面有活动将会涉及水的表面张力。

物质科学 MATERIAL SCIENCE

硬币的沉浮

1.初步认识水的表面张力。

2.通过有趣的物理现象激发幼儿对科学探究的兴趣。

教师指导建议

① 建议活动在夏天开展。

② 再次实验时若有些幼儿没能成功，教师可给以适当帮助。

③ 引导幼儿多留心观察身边有趣的自然现象。

科学小知识

① 凡作用于液体表面，使液体表面积缩小的力，称为液体表面张力。

② 液体跟气体接触的表面存在一个薄层，叫作表面层，表面层里的分子间的距离比液体内部大一些，分子间的相互作用表现为引力。

③ 一些昆虫正是由于表面张力的原因才可以在水面上自如行走。

❖ 活动准备

1.材料准备

守恒量具、幼儿科研套装（滴管）、水以及硬币(铝制硬币，或用回形针替代)。

2.搭建活动场景

每组桌上放置装有水的透明守恒量具，实验时再分发硬币。

⚛ 活动过程

1.由讨论开展实验

教师发出提问："之前我们已经探究过物体的沉浮啦，那么我们今天来讨论看看硬币放水里是沉下去还是浮上来呢？"接着让幼儿们讨论并发表自己的猜测或观点。

2.幼儿先实验，教师再实验

教师发放硬币，让幼儿实验硬币的沉浮（发现硬币都沉下去了）。之后由教师来实验，将硬币轻轻缓慢平放在水面上，发现硬币浮起来了！引发幼儿们的兴趣。

3.幼儿再次尝试，最后总结现象与经验

请幼儿用同样的方法再来尝试看看，硬币都能浮起来后，引导幼儿讨论猜测原因。最后，由教师简单解释其中的物理原因——水的表面张力。

⚗ 延伸活动

1."我来改变沉浮2"中涉及的可塑橡皮的沉浮也可以在本活动中再次实验。

2.用滴管在硬币上慢慢滴上水珠，最后发现水珠到一定量后不会溢出来，而是被硬币"困在"了表面的圈中，这也是水的表面张力的原因。

3.可以让幼儿观察虫子可以在水面上"如履平地"的图片或视频。

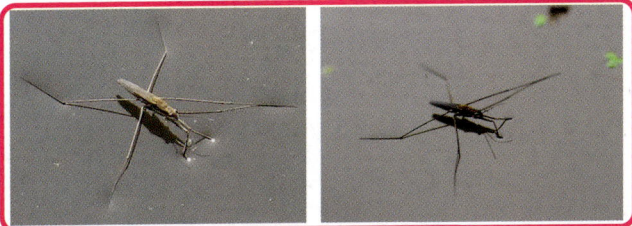

物体间的间隙

活动目标

1. 感知物体与物体间存在间隙。
2. 自主探究，利用物体间的间隙关系将容器填满。

活动准备

1.材料准备

桌面计量中心（量勺）、守恒量具、沙子、大小不等的石子或石块、乒乓球以及水净化套件。

2.搭建活动场景

建议3～4个幼儿一组，每三组用一套守恒量具，每组配备三个量勺以及一个空的小守恒量具，三个大守恒量具中分别装入沙子、小石子以及大石子。

活动过程

1.观察大守恒量具中的物体

"小朋友们，桌上的守恒量具中放入了三种不同的物体，大家都仔细观察看看，这些物体有什么区别？"教师请幼儿观察后发表自己的感想，引导幼儿发现不同物体的大小不一样，它们之间的间隙也不一样。

2.小组进行实验

请幼儿们用勺子取三种物体放入自己组的小守恒量具中，再来观察一下现象。教师引导幼儿发现物体之间如果有大间隙的话利用小一点的物体可以将间隙填上。

3.比一比,赛一赛

"刚才我们已经发现了物体之间间隙的一些秘密，根据这些知识，我们现在就来比比看哪个组能用更多的石块将自己的守恒量具填得最满。"在每组幼儿的小守恒量具中加入1～2个乒乓球增加难度，请幼儿们分组开始进行讨论及实践，过程中教师引导幼儿耐心地慢慢加入材料，一层一层往上压，不可心急地一次装入太多同一材料。活动中要求幼儿不能只装沙子，评选出在同样满的情况下填入最多石块的小组作为优胜组。

延伸活动

利用物体间的间隙关系来做一个水净化的小实验。

教师指导建议

① 建议将分配到同一形状小守恒量具的小组的实验结果进行对比。
② 建议沙子及石子要清洗干净。
③ 提醒幼儿通过将小守恒量具在桌上颠一颠可以让填充物更密实。

科学小知识

分层进行水净化的原因是为了提高净化效率，节省时间。通过大石块将大的杂质先过滤掉，小石块将小杂质过滤掉，沙子可以将更加细小的杂质过滤掉，起到净化水的作用。

水的净化

1.初步了解水净化的原理。

2.增强环境保护意识。

教师指导建议

① 活动中要培养幼儿的环保理念，珍惜水资源，增强环境保护意识。

② 可以在活动中介绍自来水净化的过程，提醒幼儿不要饮用生水。

科学小知识

① 水净化套件中最上层先加石子是为了先除去水中不能溶解的大的杂质，之后通过棉花等是为了去除不能溶解的稍小的杂质，因为它的缝隙小。

② 活性炭在活化过程中晶格间生成的孔隙形成各种形状和大小的微细孔，构成巨大的吸附表面积，因而具有很强的物理吸附能力，能去除水中的余氯、胶体微粒、有机物、微生物等，常用来对水进行脱色、除臭。

③ 利用净化组合的原因是为了要在最短的时间内得到最干净的水。

活 动 准 备

1.材料准备

守恒量具、水净化套件、干净的水以及混有掺杂物的水、过滤材料（石头、沙子、棉花、活性炭等）。

2.搭建活动场景

利用两个透明的守恒量具，其中一个装干净的水，另一个装混好泥沙石等物质的水；将过滤材料放入水净化套件中（放入石头和棉花时，须取出滤网）。

活 动 过 程

1.欣赏大自然中的小河

教师给幼儿展示各种小河的风景。有的小河干净清澈，鱼儿们在这里畅快悠游；而有的小河污浊难闻，连鱼儿们也不愿意在这玩耍了。

2.帮助小河

教师："我们来想想办法帮帮小河，让小鱼儿们重新回来好吗？"接着拿出装有不同过滤材料的水净化套件让幼儿们观察净化效果，引导幼儿描述实验结果，对比看看不同过滤材料的净化效果。

3.组装水净化套件，观察组合净化的效果

教师选择净化组，套接后再对比净化结果，请幼儿们讨论看看为什么要用组合净化的方法，然后由教师简单解释水净化的原理。（见科学小知识）

配制泡泡水

大班

活动目标

1. 巩固幼儿对科研工具的使用能力以及记录能力。

2. 培养幼儿探索精神。

活动准备

1.材料准备

守恒量具、幼儿科研套装(滴管)、吸管、泡泡棒套装、水、洗洁精、甘油以及白糖。

2.搭建活动场景

分组，每组桌上配齐材料，吸管每人一根。（先不放甘油和白糖）

活动过程

1.由"溶解"引入活动，简单复习"运水小帮手"

教师："我们已经知道有些东西可以溶于水有些不能溶于水，那如果两种都是液体呢？我们今天就来试试看自己配制泡泡水，看哪组配制的能吹出来又大又不容易破的泡泡。"之后再总体介绍一遍"运水小帮手"中介绍过的运水工具。

2.幼儿组内讨论，自主选择配制比例，记录并实验

"是不是洗洁精越多吹出的泡泡越大，泡泡坚持的时间越长？"引导幼儿带着问题进行讨论及实验。本活动以幼儿自主探究为主，让幼儿们学会选择运用科研工具，学会记录调配的比例，教师在过程中可以适当提供帮助，指导幼儿选择量具以及记录数据（如几滴管水配上几滴管的洗洁精）。

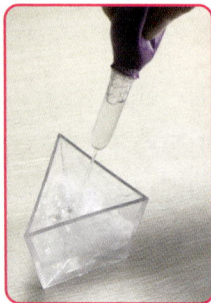

3.结果分享

每组幼儿展示最满意的配制方案，大家来比一比，赛一赛。

4.效果改善

在泡泡水中加入甘油和一点糖再试试看，吹出的泡泡更大了,持续的时间也更长了！再用泡泡棒套装拉拉看，本来很难做到的效果现在可以拉出漂亮的泡泡秀了。

延伸活动

让幼儿回家后在家长的陪伴下按照实验得到的比例调配泡泡水，一起玩一玩泡泡秀。

教师指导建议

① 建议活动在夏天开展。

② 本活动以幼儿自主探究为主，教师协助为辅。

③ 过程中提醒并注意幼儿不要将泡泡水吸进嘴巴里。

④ 泡泡水建议配比比例为水500ml+洗洁精320ml+白砂糖30g+甘油60ml。

科学小知识

① 洗涤用品中含有表面活性剂，能产生很大的表面张力，使人们能吹出泡泡。

② 甘油能减缓水的蒸发速度，使吹出的泡泡维持的时间更长。

③ 白砂糖是有机大分子，加入后增大了水的表面张力，让吹出的泡泡更大。

物质科学

声

振动发声

小班

活动目标

1.知道发声的原因——振动。

2.感受振动发声。

活动准备

1.材料准备

多功能琴盒和鼓膜模型。

2.搭建活动场景

两人一组，配备多功能琴盒，活动前要装好琴弦。

活动过程

1.欣赏一首歌曲

教师播放一首歌曲让幼儿欣赏，引出活动主题："小朋友们，歌曲好听吗？大家会不会好奇这些美妙的声音是怎么发出来的呢？"请幼儿大胆发表自己的猜想。

2.幼儿在玩乐中观察思考

教师让幼儿玩多功能琴盒，引导幼儿在玩耍中观察现象，鼓励幼儿描述现象，猜想并讨论发声的原因。

3.利用鼓膜模型引入振动发声的原理

教师拿出鼓膜模型，引导幼儿观察它的发声现象，由教师引入发声的原因——振动。

延伸活动

让幼儿们一边说话一边摸摸看自己的脖子，感受振动发声。

教师指导建议

①幼儿在玩多功能琴盒时要引导幼儿关注现象，而不是光玩，以免喧闹。

②鼓励幼儿发挥想象，大胆猜测发声原因。

科学小知识

①声音的产生是由某个物体或物质振动产生机械波引起的。

②声音的产生条件有两个，分别为波源和传播介质。

物质科学
MATERIAL SCIENCE

土电话

1.学习搭建土电话。

2.知道土电话运作的原理，知道声音需要通过介质才能传播。

教师指导建议

教师也可以加入与幼儿的土电话联系中，也可以在电话中提醒幼儿一些注意事项，比如绳子要绷紧等。

科学小知识

①声音的传播需要介质。

②声音在固体中传播速度远远大于在空气中的传播速度。

③声波在传播中能量随着距离的增大会衰减，同样距离下相同音量的对话，利用固体传播比在空气中传播损耗要小很多。

🔬 活动准备

1.材料准备

多功能琴盒(土电话)。

2.搭建活动场景

每组2人，配备多功能琴盒。

⚛ 活动过程

1.简单复习"振动发声"

教师带领幼儿简单复习振动发声。

2.搭建土电话

教师拿出多功能琴盒，演示土电话的做法，分发材料后让幼儿配合完成土电话的搭建。

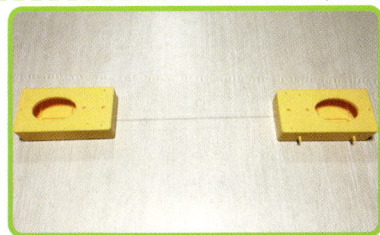

3.体验土电话

引导幼儿使用土电话，和小伙伴一起试试看能不能传话？想一想土电话为什么可以传话，用土电话来跟小伙伴讨论看看。

4.分析总结

请幼儿分析一下使用土电话的注意事项，最后由教师总结并简单说明原理：原来声音可以通过绳子来传递。

🧪 延伸活动

土电话其实在家里也能自己做，回家后试试在家长的陪同下用纸杯和毛线制作一个土电话。

音量的大小

活动目标

1.对音量这个概念有个简单认识。

2.知道要用适当的音量交流。

教师指导建议

介绍科普知识时不需要向幼儿引入振幅的概念，只需让幼儿知道振动的程度影响音量的大小即可。

科学小知识

①主观上感觉声音的大小（俗称音量），由振幅和人离声源的距离决定，振幅越大音量越大，人和声源的距离越小，音量越大。

②音量的测量单位是分贝（dB），分贝是十分之一贝尔(B)。

活动准备

材料准备

鼓膜模型、麦式录放机。

活动过程

1.感知音量的大小

请一位幼儿利用麦式录放机录一句话，教师以不同音量播放这一段录音。让幼儿感知和区分音量的大小，教师引入音量这一概念，音量就是声音的大小。

2."观察"音量的大小

教师请幼儿观察不同音量时鼓膜模型的振动现象——发现音量越大，小泡沫跳得越高。

3.分析与总结

教师总结知识点：音量的大小与振动幅度有关，幅度越大音量越大。教育幼儿为了保护自己的嗓子不能大声喧哗，而为了保护自己的耳朵要远离音量过大的地方。

延伸活动

请幼儿们说说看在哪些地方要尽量小声说话。

物质科学
MATERIAL SCIENCE

噪音与乐音

1.学会区分噪音与乐音。

2.培养不喧哗的意识。

教师指导建议

① 幼儿可能一开始对不同噪音会比较好奇感到有趣，要耐心引导幼儿欣赏乐音。

② 只需让幼儿感知，学会区分乐音与噪音，一些概念不必提及，如音量分贝等，只要提及噪音是会妨碍干扰到他人的声音即可。

科学小知识

① 在一定环境中不应有而有的声音都称为噪音，泛指嘈杂、刺耳的声音。

② 从环境保护的角度看：凡是妨碍到人们正常休息、学习和工作的声音，以及对人们要听的声音产生干扰的声音，都属于噪声。

③ 噪声除了损伤听力以外，还会引起其他人身损害，如心绪不宁、心情紧张、心跳加快、血压增高等。

活动准备

1.材料准备

麦式录放机、多功能琴盒、语音小方块以及噪音监测器。

2.搭建活动场景

活动前先在麦式录放机里录制优美的音乐，在语音小方块里录制几段噪音（电钻声、堵车时各种汽车喇叭声、饭堂里嘈杂的声音等）。

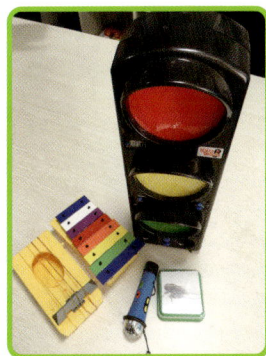

活动过程

1.欣赏美妙的乐音

教师播放麦式录放机里的优美乐音，带领幼儿们随着乐音舞蹈玩耍。

2.加入噪音对比

分发几个录制有噪音的语音小方块在桌面上，让幼儿们按按看，发现噪音刺耳难听，引入噪音与乐音的概念。

3.放大麦式录放机的声音

教师将麦式录放机的音量放大，发现乐音一旦声音过大也会变成噪音。

4.用多功能琴盒弹奏乐音与噪音

教师让幼儿们试试用同样的乐器弹奏出噪音与乐音，加深对噪音与乐音的印象。

延伸活动

利用噪音监测器，将分贝设定值设定在50dB，组织幼儿来参与游戏，让幼儿对噪音这个概念更加清晰，也顺便将噪音监测器引入到日常的学习生活中，提醒幼儿在幼儿园不要喧哗，养成好习惯。

光

物质科学

物质科学
MATERIAL SCIENCE

光会转弯吗？

1.知道光在空气中是直线传播的。

2.学会使用潜望镜。

教师指导建议

① 手电筒建议由教师演示，防止幼儿拿手电筒照射眼睛。

② 体验潜望镜的活动中，鼓励幼儿尝试多种组合，描述一下可以看到什么。

科学小知识

① 光是沿直线传播的。

② 光的传播不需要媒介，但在介质中也是可以传播的，在同种均匀的介质中是按照直线传播的。

活动准备

1.材料准备

手电筒、橡皮软管（口径要求比手电筒略大）以及组装式潜望镜。

2.搭建活动场景

分组，每组不超过3人并各配备一套组装式潜望镜。

活动过程

1.发现光路不会转弯

教师拿出手电筒并请幼儿关注现象，之后移动手电筒照射天花板、小课桌、黑板等，引导幼儿意识到光不会转弯的现象。

2.进一步感知光的直线传播

教师在手电筒外套一个橡皮软管："我们已经发现了光不会转弯的现象，也就是说光是沿着直线传播的，那让我们来做一个小实验验证一下吧。"引导幼儿发现光能透过笔直的橡皮软管，但一旦弯曲就没有光透过了。

3.潜望镜的使用

教师给每组发放组装式潜望镜："我们来想想办法让光转弯。"随后让幼儿自己组装潜望镜，用手电筒照一照，发现光能转弯了。再请幼儿看一看，发现利用潜望镜还可以不转身就看到身后的情况。让幼儿们玩一玩、试试不同的组装效果。

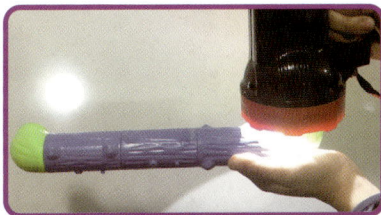

影子与阳光

活动目标

1. 加深对光的直线传播的认识。

2. 知道形成影子的条件：光和不透光的物质。

3. 室外拓展，锻炼身体，强健幼儿体格。

活动准备

1.材料准备

录音放大镜。

2.搭建活动场景

分6组，每组配备一个录音放大镜。

活动过程

1.观察影子

教师将幼儿分组后每组发放一个录音放大镜，让幼儿们观察一下放大镜的镜片有影子吗？外面一圈呢？自己的影子呢？影子都是什么颜色的呢？将观察发现录进放大镜中。

2.介绍游戏规则，开始游戏

让幼儿们玩一玩踩影子的游戏，在游戏跑动中，引导幼儿发现影子都是朝一个方向的，并且到了没有太阳光的地方，影子就不见了。

3.室内讨论发现，并得出结论

教师播放幼儿在室外的发现，再请幼儿补充一下还有什么发现，教师总结：影子就是由于光的直线传播产生的，不透光物体挡住了光才形成了影子，所以影子都是暗的，也可以说影子是黑色的。

延伸活动

在家中与家长玩玩手影小游戏，尝试用手的影子来描绘出各种动物。

教师指导建议

① 建议活动在有阳光的天气进行，注意幼儿的防暑防晒工作，提醒幼儿及时休息以及补充水分。

② 室外要注意幼儿的安全问题。

③ 使用录音放大镜时建议由教师帮助幼儿录音。

科学小知识

① 影子的形成必须要有光和不透光的物质。

② 光线在同种均匀介质中沿直线传播，穿不过不透明物体而形成了较暗区域（即投影），这个投影就是我们常说的影子。（这里说的光是可见光线）

物质科学
MATERIAL SCIENCE

彩色的世界

1.体验透过彩色镜片看世界。

2.体验彩色镜片的叠加效果。

教师指导建议

光学中的三原色与美术学上的三原色不同，为了避免幼儿产生混淆，在光这一主题活动时，涉及色彩都不要提及三原色这个概念。

科学小知识

① 彩色镜片，也称做"染色镜片"，就是在镜片制作过程中，加上一些化学物质，让镜片呈现各种色彩，用以吸收特定波长的光线，使得人们透过不同颜色的镜片看到不同颜色的世界。

② 红+绿=黄；
红+蓝=紫；
绿+蓝=青。

活动准备

1.材料准备
调色眼镜。

2.搭建活动场景
分组，3人一组，方便进行小组讨论，每组配备一副调色眼镜。

活动过程

1.红色冠军
教师请幼儿们想一想："动物学校里举办了一场红色冠军的比赛，小动物们拿着各种红色的东西来参加比赛了，你们猜哪种红色物品会拿冠军？"待幼儿们分享自己的想法后教师引出调色眼镜："最后啊，小猴子因为它带来的奇怪眼镜成为了红色冠军。"

2.分发调色眼镜
教师分发调色眼镜镜框与红色镜片："小朋友们，我向小猴子借来了它的奇怪的眼镜，大家都来试一试。"让幼儿们体验透过彩色镜片看世界。

3.分发其他镜片体验叠加效果
教师将其他镜片也发给幼儿，鼓励幼儿尝试其他颜色，并将两种颜色的镜片叠加使用，记录下叠加的效果并在小组内分享。

神奇的万花筒

小班

活动目标

1.培养手工能力，自己来制作万花筒的"花瓣"。

2.体验神奇的万花筒。

3.初步了解万花筒的成像原理。

活动准备

1.材料准备

组装式万花筒、小剪刀以及各种彩纸或亮片。

2.搭建活动场景

分组，5～6人一组，每组配备两个万花筒和小剪刀，彩纸和亮片小组共用。

活动过程

1.感知镜子成像

教师将组装式万花筒里的两个镜片取出，镜面相对垂直放置，中间放一个小物件或者亮片，让幼儿们观察，发现镜子里出现了好多相同的图案。这是由于两面镜子的多次反射，这也就是万花筒的成像原理。

2.组装万花筒并观察

教师演示如何组装万花筒，之后让幼儿自己动手制作"花瓣"，将这些"花瓣"放入万花筒中，观察欣赏自己动手做的万花筒图案。

3.分享与描述

鼓励幼儿将万花筒与伙伴们交换看看，试着描述一下自己看到的图案。

延伸活动

幼儿家中如有万花筒的成品，可以让其回家后再仔细研究，如果愿意带到幼儿园，可以第二天带来幼儿园与小伙伴们一起欣赏。

教师指导建议

① 手工活动，注意幼儿的安全问题。

② 引导幼儿发现万花筒中的图案都是对称的。

科学小知识

① 万花筒的原理是光的反射。

② 万花筒的制作：由三面镜子组成一个三棱镜，再在一头放上一些各色碎片，这些碎片经过三面镜子的反射后，就会出现对称的图案，看上去就像一朵朵盛开的花。

物质科学
MATERIAL SCIENCE

放大镜

1.学会使用放大镜。

2.学会用放大镜脱手观察物体。

3.学会用录音放大镜来记录观察结果。

教师指导建议

在探究放大镜的使用时(怎样放大)先不介绍它的其他功能(支架以及可录音),在探究结束后再由教师教幼儿使用,方便以后的探索活动。

科学小知识

① 放大镜是用来观察物体微小细节的简单目视光学器件(会聚透镜),焦距比眼的明视距离小得多。

② 视角愈大,像也愈大,愈能分辨物的细节,移近物体可增大视角,但受到眼睛调焦能力的限制,所以并非离得越近看得越清楚。

③ 焦距是焦点到面镜的中心点之间的距离。

④ 小兔能翻身是由于凸透镜成像规律:当物距小于一倍焦距时,物体成正立的像,而一旦物距大于一倍焦距后,物体成像就是倒立的了。

活动准备

1.材料准备

标本(或小物件)、带支架放大镜以及录音放大镜。

2.搭建活动场景

两人一组,每组配备一个带支架放大镜和一个录音放大镜。

活动过程

1.怎样放大

每组发放一个标本(或小物件),让幼儿用放大镜来观察,放近一点看看,再放远一点看看。引导幼儿发现原来放大镜的放大效果还要在适当的范围内才能实现。

2.怎样脱手观察物体

教师教幼儿如何用带支架的放大镜脱手观察物体,这时两人一组一起脱手观察物件,一起来描述一下看到的效果。

3.用录音放大镜来记录观察结果

教师教幼儿如何使用录音放大镜来记录观察结果,两人一组对被观察物进行一个简短的你问我答并录音,"这是什么""xxx""那这又是什么颜色的呢"等等。

延伸活动

玩一玩小兔翻身的游戏:把一个与放大镜大小相同的,中间剪有镂空小兔的不透光纸片粘贴在放大镜上,然后把放大镜对准阳光,在其下方放置一张白纸,观察一下放大镜从离纸很近的距离下,慢慢远离白纸时小兔的状态。(过程中会发现正立的小兔翻身倒立了)

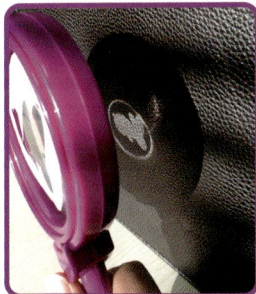

变幻的灯

活动目标

1.观察光线透过彩片后的现象。

2.探索色光的叠加规律。

活动准备

1.材料准备
调色彩片以及手电筒。

2.搭建活动场景
活动前将教室里的灯关掉。

活动过程

1.教师演示光线透过彩片后的现象
教师将手电筒打开（光线是白色的），让幼儿选择彩片放到手电筒前，发现光线透过彩片后变成了彩片的颜色。

2.探索红光、绿光和蓝光的叠加规律
教师让幼儿用红、绿、蓝三种颜色的彩片两两叠加后再用手电筒照射，看看出现了什么现象。

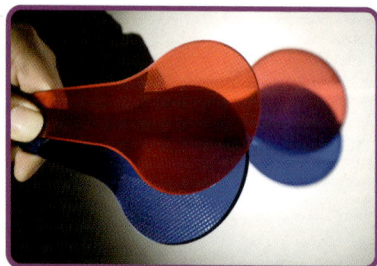

3.进一步探究色光的叠加规律
不仅限于这三种颜色的叠加，把幼儿们分成4～5人一组，进行自主探究，叠加后照射，最后记录实验结果。

教师指导建议

光的三原色与美术的三原色不同，为避免幼儿混淆，教师不要提及光的三原色概念，只需让幼儿探究色光的叠加规律就可以。

科学小知识

① 红+绿=黄；
红+蓝=紫；
绿+蓝=青。

② 各色彩片，比如红色彩片，并不是将红色的光滤掉，而是让红色的光透过，把其他色光滤掉(吸收)，这样光线透过彩片后就变成了彩片的颜色了。

中班

看得见的紫外线

1. 知道阳光中含有紫外线且阳光越强紫外线也越强。

2. 强化幼儿注意防晒的意识，了解基本的防晒知识。

3. 学会通过比较魔幻彩蛋的变色程度区分防晒物品的防晒效果。

教师指导建议

① 建议活动在光照充足的天气进行，同时注意幼儿的防晒工作，并让幼儿适时休息，及时补充水分。

② 延伸活动可以利用魔幻彩蛋中配备的紫外灯来实验，但建议不要给幼儿使用紫外灯，以免幼儿照射眼睛，紫外线会对眼睛造成很大伤害。

科学小知识

① 紫外线是指阳光中波长10～400nm的光线，可分为UVA、UVB、UVC。其中UVB致癌性最强，晒红及晒伤作用为UVA的1000倍。

② 当紫外线照射人体时，能促使人体合成维生素D，以防止患佝偻病，经常让小孩晒晒太阳就是这个道理。

③ 紫外线还具有杀菌的作用。

活动准备

1. 材料准备

魔幻彩蛋、同一品牌不同防晒系数的防晒霜、夏天的薄衣服一件，阳伞。

2. 搭建活动场景

每个幼儿配备一个魔幻彩蛋，准备室外活动。

活动过程

1. 从日常现象引出紫外线的概念

教师介绍一些日常现象：在太阳光下曝晒过长，人被晒黑了，更严重的是有些人还被晒伤了。告诉幼儿这是由于阳光中紫外线作用的关系，建议同时也介绍一些紫外线的优点。

2. 分发魔幻彩蛋，让幼儿来找找紫外线

"老师今天带来了一种神奇的魔幻彩蛋，它可以捕捉阳光中的紫外线，一旦捕捉到它就会变色，小朋友们来找找看，哪里能捕捉到紫外线，哪里的紫外线最强？"教师分发彩蛋，引导幼儿在寻找的过程中发现阳光越强的地方紫外线也越强。

3. 试验防晒方法

请幼儿们说说看有什么防晒方法，用魔幻彩蛋来测试一下它的防晒效果，比如盖一件衣服，用阳伞来为它遮阳或是涂防晒霜，对比看看效果，过程中教师提醒幼儿注意防晒。

延伸活动

可以利用同品牌不同防晒系数的防晒霜来给幼儿做一组对照实验，让幼儿知道不同防晒霜的防晒效果是不同的，对防晒系数有个初步概念，知道防晒系数越高防晒能力越好。

七色光

活动目标

1.知道太阳光是由七色光组成的——红、橙、黄、绿、蓝、靛、紫。

2.知道彩虹的形成是因为太阳光。

活动准备

材料准备

超级安全三棱镜以及各种彩虹的图片。

活动过程

1.欣赏彩虹的图片，说出彩虹的颜色

教师向幼儿展示彩虹的图片，欣赏彩虹，引导幼儿说出彩虹的七种颜色。

2.讨论太阳光的颜色

教师引导幼儿说说太阳光的颜色："大自然中的彩虹七个颜色，很是漂亮，大家看看阳光，它是什么颜色的呢？"幼儿讨论结束后教师揭示太阳光其实是七色的，彩虹的七色其实就是由于有太阳光。

3.观察七色光

教师开展活动："太阳光真的是七色的，老师来做个实验将太阳光分开，这样大家就看得清了。"之后利用三棱镜看到七色光并让幼儿观察这七色光。（最后可以让幼儿们自己试试看，利用三棱镜看到七色光）

4.画画漂亮的彩虹/七色光

在幼儿仔细观察过七色光的前提下，鼓励幼儿将这七色光画下来，看谁画得最漂亮。

延伸活动

回家后在家长的陪同下完成自制彩虹的小活动，在光照充足的情况下，用喷水壶向空中洒水，彩虹就能出现。

教师指导建议

① 三棱镜使用时必须要光照充足，待阳光照射到三棱镜后再折射到墙上就可以看到七色彩带。

② 直接通过超级安全三棱镜观看自然光下的物体也能看到七色光的效果，物体的轮廓会出现一层七色彩层。

科学小知识

① 我们这里所指的光是自然光，除了自然光还有人造光。

② 三棱镜作用的原理是光的色散，把白光分解为彩色光带(光谱)。

③ 白光是由红、橙、黄、绿、蓝、靛、紫等各种色光组成的，也叫做复色光。其中的每一种色光（红、橙、黄、绿、蓝、靛、紫）叫作单色光。

物质科学 电

人体导电

小班

活动目标

1.知道人体能导电。

2.提醒幼儿注意用电安全。

活动准备

材料准备

能量球、导线。

活动过程

1.认识能量球

教师拿出能量球告诉幼儿："老师这里有个神奇的能量球，它自己储有能量，能够鉴别谁能够导电，我们来试一试吧。"随后拿出一根导线让幼儿试验能否导电。待发现能量球发亮的同时发出了神秘的声响后，说明导线能够导电。

2.人体能够导电吗?

教师提出问题，请幼儿讨论一下人体能不能导电，随后拿出能量球请几个幼儿试验，引导幼儿发现人是能够导电的。

3.多人试验

"单人能够导电，那很多人一起呢?我们来试一试。"接着，教师先请两个幼儿尝试，随后不断增加幼儿数量，最后全部幼儿手拉手用能量球试验，发现多人一起仍是能导电的。

4.提醒与总结

教师总结人能够导电是事实，提醒幼儿能量球里的电量非常微弱，所以人体触碰才不会有伤害，但是平时用的电电量很大，人们去触碰会非常危险，所以小朋友们不可以触碰电源。

延伸活动

让几个幼儿先手拉手形成回路，能量球开始运作，再让另一个幼儿触碰他们的手，发现能量球仍然处于运作状态。由此提醒幼儿当有人触电时，我们是不可以碰那个人的。

教师指导建议

可以介绍几个常用的电源及用电器，提醒幼儿注意用电安全。

科学小知识

①人体能够导电是因为人体里有大量的水分和电解质。

②人体直接接触电源或高压电，电流通过人体时会引起组织损伤和功能障碍，重者还会发生心跳和呼吸的骤停。

电池的奥秘

物质科学
MATERIAL SCIENCE

1. **体验电池的功能。**

2. **知道电池的作用与危害。**

3. **提高环保意识，知道废电池应该集中回收处理。**

教师指导建议

注意不能让电池有短路现象，在安装电池时确保开关处于断开的状态。

科学小知识

废电池被随意丢弃后，因其含有锰、汞、锌等重金属元素，会造成地下水以及土壤的污染，一个小小的纽扣电池就可以造成60万升水资源的污染，相当于一个人一生的用水量。所以才要将废电池集中回收，通过特定的方式达到处理与利用的目的。

活动准备

1.材料准备
基础电路套装、电池、趣味发声盒、餐巾纸以及透明胶带。

2.搭建活动场景
选择绿色趣味发声盒，在上面贴上废电池回收的标志，作为废电池回收盒，配上录音："小朋友，我这里只接收废电池哦！"
活动前教师利用基础电路套装内的2个网格底座、1个电池盒、1个开关、1个用电器以及3根电线组成一组简单回路，先不安装上电池。建议两位幼儿一组，每组一个这样的回路组合。

活动过程

1.哪组的用电器在工作?
教师将搭好的回路电路分发给各个小组，有一两个电源装上了电池，其他没装上，电池部分利用餐巾纸以及透明胶将其挡住。请幼儿们打开电源开关，发现有些用电器工作了，有些则不工作。

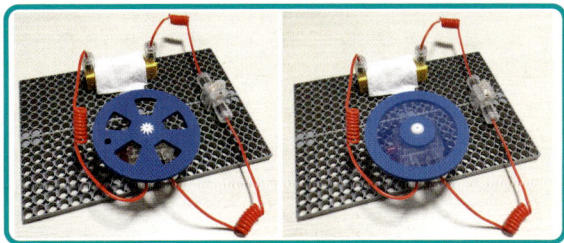

2.小灯泡为什么能亮/小风扇为什么能转?
教师请幼儿猜一猜为什么自己的电路（没）有反应，之后请幼儿揭开餐巾纸，发现原来是因为装了电池的缘故才能让用电器运作起来，电池的作用真奇妙。之后请幼儿们将没装电池的电路装上电池，发现有些电路还是不亮的，教师由此引导幼儿发现电源分正负极，电路运作不仅仅需要电池，还要接对了方向才能开始运作。

3.电池的危害与回收
教师向幼儿普及废电池乱丢后的危害，拿出做好的废电池回收盒让幼儿们认一认废电池回收的标志，提醒幼儿废电池要集中处理，增强幼儿的环保意识。

延伸活动

1. 制作一些垃圾卡片，包括一些除电池外的垃圾，其中电池的卡片建议选择能包含各类电池（纽扣电池、5号电池、7号电池等），将制作的废电池回收盒打开，让幼儿选择哪些垃圾可以丢入回收盒。

2. 与家长一起自制电池回收盒，以后家里用剩下的废电池就可以集中后再交到小区的回收点了。

导体与绝缘体

中班

活动目标

1.知道一些常见的导体和绝缘体。

2.提醒幼儿注意用电安全。

活动准备

1.材料准备

能量球、铜丝、铁丝、毛线、硬币、木头、塑料碗或者其他日常材料。

2.搭建活动场景

可以选择幼儿分组进行探究实验或教师演示实验，如选择分组则根据人数将幼儿分成三个或四个大组，每组配备两个能量球及若干待测材料。

活动过程

1.由"人体导电"活动引申至本次实验

与幼儿一起回忆"人体导电"活动的内容，请幼儿们猜测这些日常材料中哪些材料可能是容易导电的，哪些可能是不容易导电的，由此简单引入导体和绝缘体的概念。

2.利用能量球进行实验

让幼儿进行小组探究，自己实验并记录实验成果，提醒幼儿电线外面一层膜是用来保护人们以免触电的，如有金属丝裸露在外千万不可以触碰。（也可以教师自己用能量球演示并请幼儿记录实验结果）

3.绝缘体加水之后呢？

教师将绝缘体加水后（比如木头浸水）再进行实验，发现原来不导电的绝缘体现在导电了。提醒幼儿用电安全，身体湿的时候不要靠近用电器，以免触电。

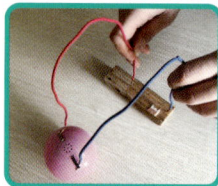

延伸活动

回家与家长上网查查看还有哪些导体及绝缘体，再看看触电后的一些救护措施。

教师指导建议

建议进行分组探究活动，让幼儿全体参与到活动中来。过程中教师引导幼儿用语言描述现象。

科学小知识

① 导体是指电阻率很小且易于传导电流的物质。

② 绝缘体是电阻率很大，不善于传导电的物质。

③ 绝缘体在一定条件下可以转化成导体。

小灯泡亮起来

知道简单的回路电路。

教师指导建议

①本活动先不让幼儿动手组装电路，向幼儿传输基本的电路知识后，在之后的活动中再让幼儿动手，以免造成电源短路。

②无需告诉幼儿短路的概念，只要让幼儿知道电源两极直接连接会使电源烧坏，严重的情况下可能会引起爆炸。

科学小知识

①电路回路即闭合回路，每个回路必须是闭合的才能有效。

②一个电路中的电子必须从正极出发经过整个电路，而且电路中必须有电阻，否则就会形成短路，然后经过所有的电器回到负极这就形成了一个闭合回路。

活动准备

1.材料准备
基础电路套装、电池。

2.搭建活动场景
本活动由教师演示，幼儿不动手组装，可让幼儿围成一圈上课。

活动过程

1.教室里的各种用电器
教师向幼儿介绍教室里的各种用电器，让幼儿指一指、认一认，提示幼儿它们都需要电流通过才能运作，向幼儿引入回路的概念。

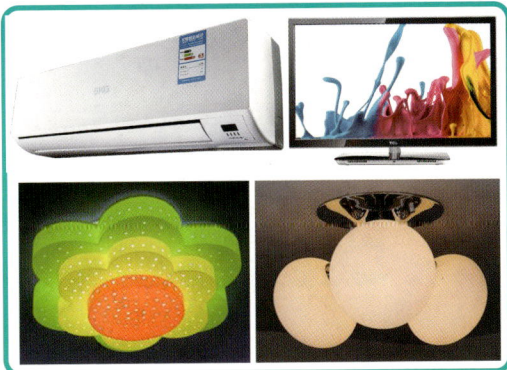

2.教师演示简单的小灯泡回路（无开关）
教师用基础电路套装演示小灯泡回路的组装，不加开关，让幼儿们意识到这是一个简单回路。

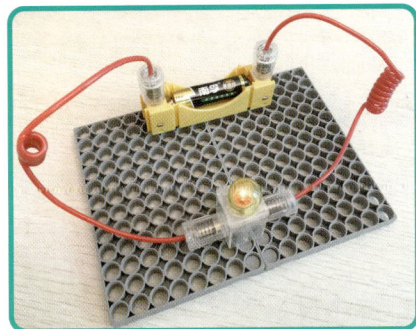

3.介绍电路组成部分
教师再将电路拆开，介绍简单电路的重要组成部分，即电源、导电线以及用电器（电阻）。

延伸活动

1.教师将电路拆开介绍完零部件后拿出小马达，让幼儿思考：现在有电源、导线、小马达以及小灯泡，用小马达替代其他三个中的哪一个后，电路还能运作？

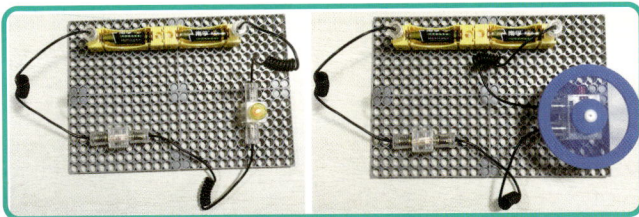

2.如果小马达和小灯泡都装上呢？（仍能运行，所以一个回路里用电器可以不止一个）

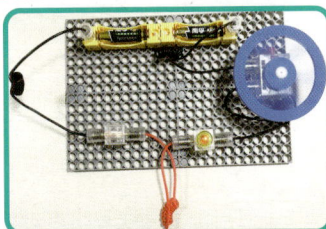

3.如果把小马达和小灯泡都拿走呢？（不用演示，提醒幼儿这样做是禁止的，否则电源会烧坏，十分危险）

回路电路

大班

活动目标

1.知道回路电路的组成部分。

2.学会自己组装简单的回路电路。

活动准备

1.材料准备

基础电路套装、电池。

2.搭建活动场景

两人一组，每组配备一套基础电路套装（一个套装里可以搭建两个回路）。

活动过程

1.回顾"小灯泡亮起来"活动的回路电路要点，思考如何加入开关

探究活动开始前教师先复述回路的知识要点，提示幼儿回路电路必须接入的部分，告诉幼儿完整的回路电路应该加入开关来控制用电器。

2.幼儿自主探究及讨论

教师分发基础电路套装，让幼儿思考如何搭建带有开关的简单回路，可以讨论看看，自己动手来搭建。

3.分享搭建成果

每组幼儿展示搭建成果，可从搭建完全正确的一组开始展示，其他小组展示时再与之比对，学会自己调整电路。

教师指导建议

① 本活动建议与"小灯泡亮起来"活动进行的间隔时间不要太长。

② 探究过程如对于幼儿来说有难度，教师要适当提供帮助。

③ 可以选择引导幼儿知道电源有正负极，电线可以用红色接正极，黑色接负极，以便于区分。

科学小知识

回路是物理电学的一个基本概念，它一般是指由电源、电键（开关）、用电器等构成的电流通路。

物质科学
MATERIAL SCIENCE

小灯泡的亮度

1.知道电流的存在。

2.知道在一个回路电路中再加入一个电池能够增大电流。

3.知道在一个回路电路中再加入一个用电器会减小电流。

教师指导建议

① 无须详细介绍电流这个概念，只需让幼儿知道电流的存在以及电流大小对用电器的影响。

② 鼓励幼儿思考。

科学小知识

① 电路中电阻不变的情况下增大电压能增大电流。

② 电路中电压不变的情况下增大电阻会减小电流。

活动准备

1.材料准备
基础电路套装以及电池。

2.搭建活动场景
教师演示实验或让幼儿自己操作。

活动过程

1.引入"电流"

"我们已经知道了要形成闭合的回路电路才能使小灯泡运作，这是因为只有在闭合回路中，电流才能通过，让小灯泡亮起来。而且，电流越大，小灯泡越亮。"教师先引入"电流"的概念，让幼儿知道电流的存在。

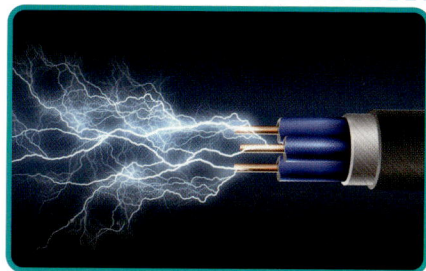

2.改变电流的方法

幼儿搭建一个小灯泡的回路电路，教师让幼儿思考，说说看用什么办法可以改变电流的大小，大家来讨论讨论。

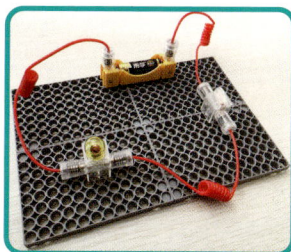

3.幼儿操作验证（或教师演示实验）

让幼儿先在原电路中增加一节电池，看看小灯泡是更亮还是更暗了（电流更大还是更小）。然后再增加一个小灯泡（或其他用电器），观察灯泡的亮度变化（电流变化）。

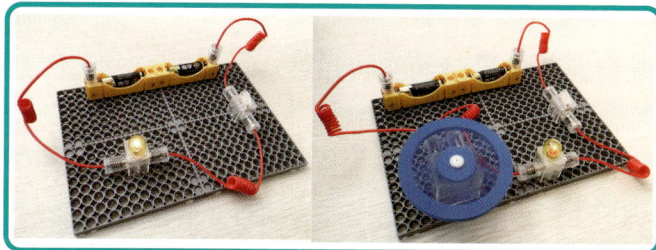

延伸活动

用小马达代替灯泡试试看。

土豆钟

大班

活动目标

1.知道水果蔬菜也能够作为电源。

2.体验土豆钟的神奇。

活动准备

材料准备：

土豆钟1个、土豆4个（其中两个用小刀先切两刀，留下足够深和宽的切口以备插入电极）以及其他蔬菜水果。

活动过程

1.请幼儿观察两个完整的土豆

教师拿出两个完整的土豆让幼儿观察，请幼儿说一说这是什么？有没有见过？在哪里见过？用处是什么？

2.观察土豆钟

教师将土豆钟拿出让幼儿观察，看看这个电路缺了什么。电源、电线还是用电器？询问幼儿："我们来用土豆发电，小朋友们觉得能成功吗？"

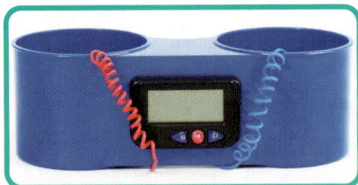

3.教师演示土豆钟，幼儿动手尝试

教师将切好缝的土豆放入土豆钟内并插好电极，幼儿会发现电子钟开始运行了！教师告诉幼儿其他一些酸性果蔬也能够发电。

幼儿四人一组尝试用土豆来让土豆钟运行，展示每组的成果。

4.探究其他果蔬的实验效果

把两极擦拭干净后用其他果蔬试试？（为确保幼儿安全以及保护土豆钟的电极，硬的果蔬须在活动前先切好缝）请小朋友尝试记录实验结果。

延伸活动

1.大家记录一下两个土豆能供土豆钟运行多少天？

2.试试用绿叶菜的菜汁做个实验。

教师指导建议

① 建议选择水分多的酸性果蔬。

② 教师演示实验时，可让幼儿围成一圈观察。

③ 不用告诉幼儿发电原理，只需让他们知道在一定条件下果蔬也能够成为电源。

④ 实验结束要将电极擦拭干净再收起，以防生锈。

科学小知识

① 土豆电池有两个电极，一边是铜，一边是铝（锌、铁都行），土豆提供化学反应需要的酸液，金属锌的化学性质比铜活泼，当这两种金属同时处在酸液中时，锌就会失去电子，这些失去的电子沿着导线传到铜片上，形成电流。

② 每个普通的大个儿土豆能产生大约0.5伏特的电压，0.2毫安左右的电流。

物质科学
MATERIAL SCIENCE

自制报警器

1.培养幼儿的思考能力以及探究能力。

2.锻炼幼儿的动手能力。

① 海绵方案：利用海绵施压能变形的特点，将它做成一个压敏电键，人一踩上去两片锡纸接触形成闭合回路。

② 鼓励幼儿自主探究，积极表达自己的想法。

③ 本探究活动有难度，教师可以在幼儿讨论时稍加提醒和帮助。

科学小知识

① 我们平时用的清洁海绵是由本纤维素纤维或发泡塑料聚合物制成。

② 在电力系统里面，标准规定,所有触点应该在自然、本通电状态下，如果两个触点是导通的，就称为常闭。如果两个触点是断开的，就称为常开。我们这里所要制作的就是常开。

活动准备

1.材料准备

能量球、海绵、锡纸、电线、透明胶、剪刀。

2.搭建活动场景

根据幼儿人数分成四组，每组配备能量球、有凹槽（凹槽尺寸为锡纸尺寸）的海绵两块、锡纸两片以及两根长电线。

活动过程

1.介绍报警器

教师先简单介绍报警器："我们今天就来自己做一个报警器，能量球里已经有电源和用电器了，现在我们要利用能量球，再增加一些材料，来自制一个简单回路，它的要求是：平时是不亮不响的，但当你一踩上去它就会响。"

2.幼儿讨论制作方法

教师先分发材料。幼儿根据之前学过的回路知识，分组讨论制作方法，教师听听每组的讨论结果。

3.幼儿分享小组讨论出的方案

让每组幼儿都发表一下自己的探究方案，教师点评一下。如没有小组讨论出利用海绵的可行方案，教师应介绍方法（见下面的步骤图），再让幼儿做做看。

导线裸露部分

1.准备两个有凹槽的海绵，两凹槽位置相对，大小自由把握

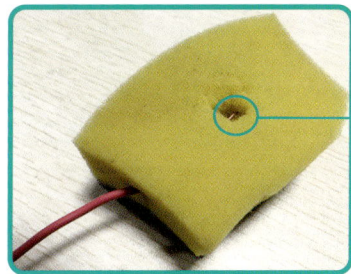

2.将一根导线穿过海绵，导线裸露部分需在凹槽处

3.在凹槽底部填入锡纸，一边海绵上贴上双面胶

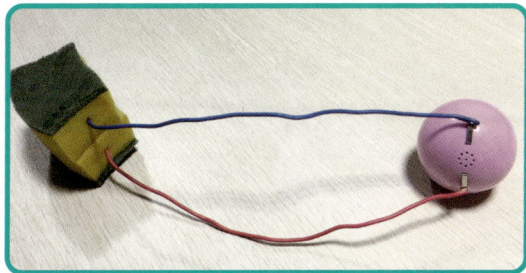

4.将两块海绵合并，两根导线另一端分别连在能量球的两个金属片上，自制报警器就完成啦!

我会制作安全开关啦！

活动目标

1. 培养幼儿的思考能力以及探究能力。

2. 锻炼幼儿的动手能力。

活动准备

1.材料准备

电子电路高级套装、衣服夹、锡纸、安全剪刀。

2.搭建活动场景

分组，3~4人一组，每组一套电子电路高级套装、一把剪刀，一张锡纸以及至少4个衣服夹。

活动过程

1.从割草机引入安全开关

当有人在使用电钻或割草机时，如果使用不当，可能会非常危险。所以人们设计了安全开关，只有人握住或压住开关时才能工作。

2.分发材料让幼儿设计安全开关

教师分发材料，请幼儿们根据这些材料来设计一个安全开关，要求只有握住时用电器才能使用，松开手后用电器停止工作。小组内先讨论制作方案。

3.制作安全开关

教师请幼儿们分享设计思路，大家一起来做做安全开关（见下面的步骤图）。

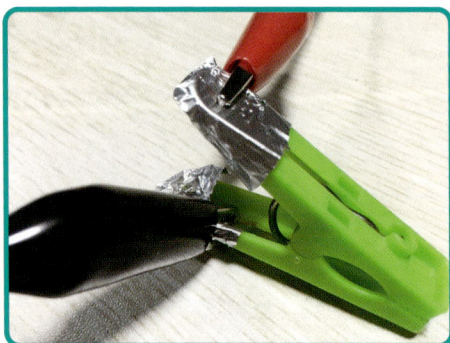

1. 用锡纸将夹子两端包住，各夹上一个鳄鱼夹导线

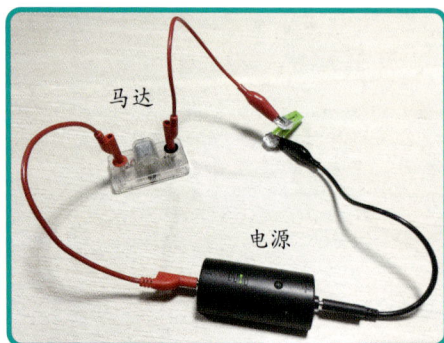

2. 将上一步所做的装置作为开关接入电路中，握住开关，电路就开始工作啦！

教师指导建议

① 鼓励幼儿自主探究，积极表达自己的想法。

② 本活动有难度，教师可以在幼儿讨论时稍加提醒和帮助。

科学小知识

在电力系统里面，标准规定，所有触点应该在自然、未通电状态下，如果两个触点是导通的，就称为常闭。如果两个触点是断开的，就称为常开。我们这里所要制作的就是常开。

物质科学 磁

磁铁的好朋友

小班

活动目标

1.初步了解磁铁能吸哪类材料的物质。

2.通过有趣的现象激发幼儿对磁探究的兴趣。

活动准备

1.材料准备

冰箱贴、磁性探索板（格内的材料可以由教师更换）以及综合磁铁套装（条形磁铁）。

2.搭建活动场景

教师根据幼儿人数分组，每组一个磁性探索板，建议为每个幼儿配备一个条形磁铁。

活动过程

1.观察冰箱贴

教师拿出冰箱贴让幼儿观察，引导幼儿关注冰箱贴没有黏性但却可以贴到冰箱上而不掉下来的现象，请幼儿猜测原因，最后由教师引入磁铁，神奇的磁铁可以吸引一些东西。

2.探索磁铁的好朋友

教师简单介绍各种磁铁，给每组幼儿分发磁性探索板和条形磁铁，让幼儿探索哪些东西能被磁铁吸引，并记录下来，然后大家一起描述一下。

3.总结

教师请幼儿尝试总结一下磁铁的好朋友都有什么相同点，引导幼儿总结出磁铁能吸铁的规律。

延伸活动

请幼儿们在课上指一指、说一说教室里的哪些东西是可以被磁铁吸住的。

教师指导建议

① 幼儿分组时，每组尽量控制在3～4人，确保每个幼儿都有时间和机会去探索磁铁吸铁的现象。

② 诱导幼儿总结磁铁能吸铁的规律，无须了解铁磁性物质。

科学小知识

磁铁能吸铁，这里的铁其实是指"铁磁性物质"，主要是铁、钴、镍。

物质科学
MATERIAL SCIENCE

豆中找物

知道利用磁铁可以对含铁物质和不含铁物质进行分类。

教师指导建议

也可以引导幼儿了解分类收纳的概念，将找出的透明金属片、小磁球以及回形针分类放入对应位置。

科学小知识

磁铁能吸含铁物质，不能吸不含铁的物质。

活动准备

1.材料准备
综合磁铁套装(条形磁体、透明金属片、小磁球、回形针)、豆子以及脸盆。

2.搭建活动场景
分组，每组不超过6人，确保每个幼儿都有一个条形磁铁。将套装里的透明金属片、小磁球以及部分回形针和豆子混合好放入脸盆中，每组一盆。

活动过程

1.设置活动情景

"今天老师在准备材料时不小心把它们和豆子混在一起了，这些材料有透明金属片、小磁球和回形针，请小朋友们帮老师想一想有什么办法可以分开它们。"教师引入情景，请幼儿集思广益，用这些方法尝试拣出一些材料。

2.豆中找物

"这些材料都是磁铁的好朋友。"教师引导幼儿想出利用磁铁把这些物质从豆中找出来的方法，分发条形磁铁，让幼儿将自己组脸盆里的透明金属片、小磁球以及回形针找出来。

延伸活动

如果把铅笔放入豆子中呢，还能利用条形磁铁把它分离出来吗？让幼儿发表一下看法，再做个小实验。

冰糖葫芦

活动目标

1.观察光线透过彩片后的现象。

2.探索色光的叠加规律。

活动准备

1.材料准备

综合磁铁套装（彩色磁环、铅笔）。

2.搭建活动场景

两人一组，每组配备6个彩色磁环以及两支铅笔。

活动过程

1.教师演示

教师拿出两个彩色磁环串在铅笔上在班级中演示，发现它们有的时候吸在一起，但是其中一个转一面就出现了相互排斥的现象。让幼儿讨论看看为什么。

2.幼儿体验同极相斥异极相吸的现象

教师引出磁铁有两个磁极，且有同极相斥、异极相吸的特点，分组分发实验材料，让幼儿来串一串冰糖葫芦。

延伸活动

请幼儿利用同极相斥、异极相吸的现象，两人一组来完成一个2-1-3的冰糖葫芦造型。

教师指导建议

为了引导幼儿关注现象，可以让幼儿简单描述现象。

科学小知识

① 磁铁有南极和北极两个磁极，它们同极相斥异极相吸。

② 磁悬浮就是利用了磁极同极相斥的原理来抵消一部分地心引力，同时减少摩擦力，即运动过程中的阻力。

物质科学
MATERIAL SCIENCE

磁力小车

通过游戏感受磁铁同极相斥、异极相吸的现象，激发幼儿探究兴趣。

教师指导建议

① 游戏过程中引导幼儿关注磁铁同极相斥、异极相吸的特点。

② 设计跑道时，教师留意观察每组幼儿搭建的跑道，提醒幼儿跑道的宽度要设计得当，宽度在小车宽度1.5倍左右比较合适，而积木跑道也要有一定的高度，以免磁力小车冲出轨道。

③ 游戏中小车冲出轨道就算失败。

科学小知识

磁铁同极相斥、异极相吸。

活动准备

1.材料准备
磁力小车以及积木。

2.搭建活动场景
分组，每组4人，配备4个磁力小车以及积木。

活动过程

1.探索磁力小车
教师演示磁力小车的运动，发现没用黏性材料小车也能粘在一起，其中一个小车换一个方向后，又发现小车在没有接触的情况下能推动另一小车前进。
分组后请幼儿摆弄、观察磁力小车，引导幼儿说出之前活动所学过的"磁铁同极相斥、异极相吸"的知识。

2.设计跑道
请每组幼儿利用积木搭建一个直线跑道，运用磁铁同极相斥异极相吸的特点，利用小车来玩玩游戏。

3.磁力车赛
幼儿体验磁力小车以及自己搭建的跑道，之后每组幼儿比比赛，看谁的小车跑得快。两人比赛，另两人在跑道末端接小车，在小组中选出最快的，最后在班级中比比看谁是冠军。

隔着东西也能吸

中班

活动目标

1.知道磁力是有穿透性的，即磁铁隔着东西也能吸铁。

2.知道磁力的穿透性是有限的，即隔着超过一定厚度的物质磁铁就不能吸铁了。

3.知道不同的磁铁磁性不同，即吸铁的能力有差别。

活动准备

1.材料准备

综合磁铁套装（透明金属片、条形磁铁、演示用的长方体磁铁）、纸张、书本、积木以及衣服。

2.搭建活动场景

分组，6人一个小组完成探索，每人一个条形磁铁。

活动过程

1.教师发布任务

教师发布任务，让幼儿们一起做做实验，记录一下隔着哪些物质磁铁仍能吸铁，哪些不能。随后分发实验用品。

2.交流与总结

请幼儿们来说说看实验结果，在教师帮助下总结一下结论。

3.延伸实验

教师拿演示用长方体磁铁再试试，发现两种磁铁的磁力不同，能隔着薄板吸东西的块数不同，让幼儿们体验不同磁铁磁性不同的现象。

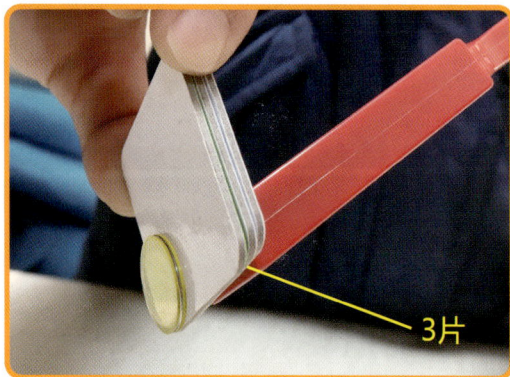
3片

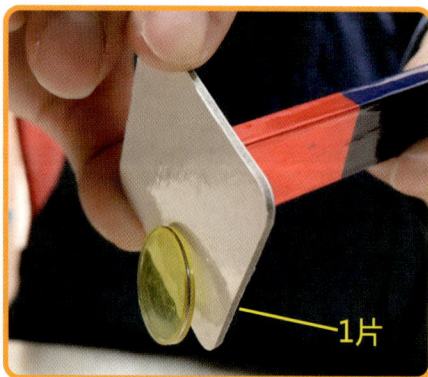
1片

教师指导建议

鼓励幼儿多尝试不同的阻隔物，身边的东西都可利用起来，课桌、椅子甚至是自己的手都可以试试看。

科学小知识

磁铁隔着物质仍能够吸铁，但是中间隔着的物质不能太厚。

水中取物

知道磁力能穿透液体，但是也有穿透距离的限制。

教师指导建议

建议活动在夏天开展，以免幼儿碰水着凉，教师应多加注意，引导幼儿关注现象而不是玩水。

科学小知识

磁铁在水中与空气中的磁力差别不大。

活动准备

1.材料准备

综合磁铁套装（回形针、条形磁铁）、守恒量具以及水。

2.搭建活动场景

分组，6人一组完成探索，每人一个条形磁铁。守恒量具（大）中倒入水以及回形针，每组一个。

活动过程

1.教师发布任务

"回形针掉到了水中了，小朋友们根据之前学习过的知识，大家来讨论看看怎么取出回形针。"由幼儿讨论各种方法，最后教师建议利用回形针能被磁铁吸住的特性来取出回形针。

2.水中取物

教师分组，分发条形磁铁，让幼儿自己来试试用条形磁铁取出回形针，让幼儿感受在水中磁铁也能吸铁。

3.进一步实验

教师用守恒量具装6杯不同深度的水，将回形针放入，请幼儿将磁铁悬空贴近水面，让幼儿尝试将回形针吸起，发现磁力能够穿透液体但是也有距离限制。

延伸活动

把硬币丢进去，看看是否能用条形磁铁在不沾水的前提下将掉入水中的硬币取出。

磁力风筝

中班

活动目标

1.通过游戏感受磁力，激发幼儿探究兴趣。

2.培养幼儿动手能力。

活动准备

1.材料准备

综合磁铁套装（回形针、条形磁铁）、棉线、彩色纸、双面胶以及演示用磁力风筝成品一个。

2.搭建活动场景

每组回形针两个、条形磁铁一个、棉线一条（50cm）、彩色纸一张。

活动过程

1.展示磁力小风筝

教师引出主题："小朋友们，你们知道风筝吗？喜欢玩风筝吗？"幼儿积极表达之后教师展示磁力风筝："我们已经知道了磁铁的魔力，老师今天就用磁铁做了一个风筝。"随后请幼儿来制作磁力风筝，分组并分发材料。

材料准备：剪刀、手工纸、棉线、回形针、双面胶、条形磁铁。

2.制作磁力风筝

教师简单介绍制作方法，请幼儿来完成或者一步步带着幼儿一起制作磁力风筝。

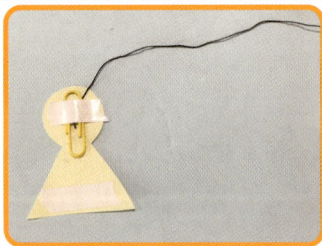

1.将手工纸剪出想要的风筝形状，用透明胶将回形针以及棉线一端固定在一个纸片上（如想更加美观，可剪出两片一样的图形，利用双面胶将棉线及回形针藏在中间）

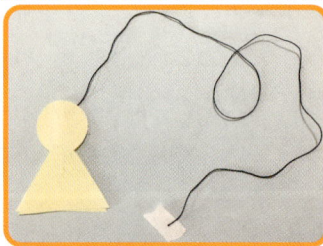

2.将棉线另一端固定在桌面，利用条形磁铁来玩一玩磁性风筝吧！

3.体验磁力风筝

幼儿体验自己制作的磁力风筝，在游戏中巩固之前活动中的知识：磁铁在一定范围内能吸含铁物质。

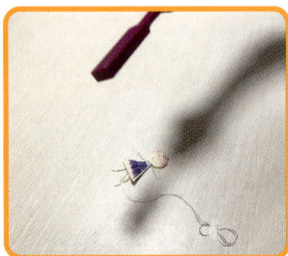

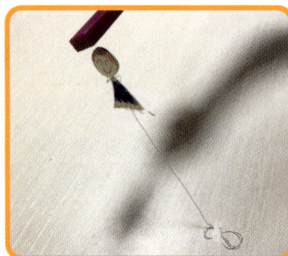

延伸活动

请幼儿美化一下自己制作的风筝，贴一个小尾巴或者画一些图案，剪一个造型。

教师指导建议

每组人数由教师安排，建议每组两人，合作的同时确保每个幼儿的体验时间，或者是每人制作一个，避免争抢。

科学小知识

磁铁在一定范围内能吸含铁物质。

磁铁不同部位的磁力

中班

知道磁铁中间的磁力最弱,两极最强。

教师指导建议

引导幼儿记录实验现象。

科学小知识

磁铁的中间部位磁力最弱,两极最强。

活动准备

1.材料准备

综合磁铁套装(透明金属片、演示用长方体磁铁)、马蹄形磁铁。

2.搭建活动场景

5~6人一组,进行小组探究活动,每组配备透明金属片以及一个长方体磁铁

活动过程

1.磁铁各个部位的磁力是一样的吗?

教师展示长方体磁铁,让幼儿想一想磁铁各个部位的磁力是一样的吗,引导幼儿积极表达自己的观点。

2.实验验证

教师根据幼儿的观点进行分组,尽量让观点一致的幼儿在一组内。分发材料,让幼儿进行分组探究实验,记录实验成果。

3.总结与拓展

教师请每组幼儿来说说实验结果,引导幼儿得出结论。最后教师可以引申到马蹄形磁铁,根据之前的实验结果让幼儿猜猜看马蹄形磁铁各部分的磁力大小。

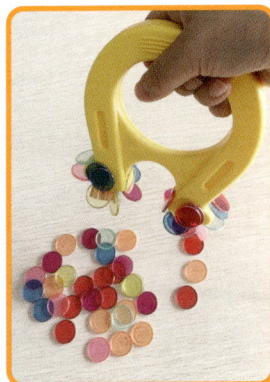

磁化现象

大班

活动目标

1.感知磁化现象。

2.简单了解磁化现象的应用与危害。

活动准备

1.材料准备

综合磁铁套装（演示用长方体磁铁、透明金属片）以及小螺丝。

2.搭建活动场景

可让幼儿拿着金属片体验磁化的效果，但使用小螺丝时必须注意安全问题。

活动过程

1.没有磁力的透明金属片

教师拿出透明金属片让幼儿观察，两两相碰没有磁力，用金属片尝试将小螺丝吸起，发现不能成功。

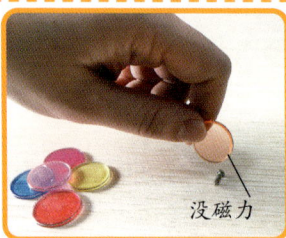

没磁力

2.透明金属片的磁化

"透明金属片看来是没有磁性的，但是老师有个办法可以让它有磁性。"教师用演示用长方体磁铁贴住金属片，过几秒后将其分开，再用金属片去吸吸小螺丝，发现小螺丝被吸起来了！

有磁力

3.磁化的应用与危害

教师向幼儿普及磁化的概念——原本不具有磁性的物体通过某种途径拥有了磁性。同时介绍一些磁化现象的应用与危害，提醒幼儿不可以将磁铁靠近一些电子设备，因为有些电子原件是金属制成，被磁化后就不能运作了。

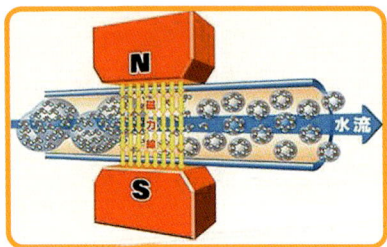

物质科学
MATERIAL SCIENCE

司南模型

1.知道东南西北以及一些辨别方位的方法。

2.了解地球也是个大磁场，有南北两极。

3.知道中国的四大发明。

教师指导建议

①运用司南时要引导幼儿注意把司南放稳放平，在户外使用时提醒幼儿端平司南来辨别方位。

②户外活动最好将每组安排在正南、正北、正西、正东的方位，以方便幼儿辨别其他小组在哪个方位。

科学小知识

①四大发明是指中国古代对世界具有很大影响的四种发明，是古代劳动人民的重要创造，指造纸术、指南针、火药及胶泥活字印刷术。

②独立的大树通常南面枝叶茂盛、树皮光滑，北面树枝稀疏、树皮粗糙，其南面，通常青草茂密，北面较潮湿，长有青苔。

③树桩断面的年轮，一般南面间隔大，北面间隔小。

活动准备

1.材料准备
司南模型。

2.搭建活动场景
分组探究，每组5～6人。

活动过程

1.介绍中国的四大发明，引出对司南的介绍
教师简单介绍中国的四大发明，提出其中指南针的前身就是司南，简单介绍其原理以及方位的基本概念。

2.幼儿观察司南
教师每组发一个司南模型，让幼儿观察、摆弄，探索司南的用法。

3.分组到户外去找找方位
教师将孩子带到户外，每组指定不同地方用司南找找方位，看一看南面在哪里？利用司南以及方位的基本概念，尝试说一说其他组在自己的哪个方位。

延伸活动

讨论一下还有哪些辨别方位的方法，教师再简单补充几个。

热

物质科学

物质科学
MATERIAL SCIENCE

生热

1.感知冷与热。

2.知道一些改变内能的方式，本活动指生热的方式。

教师指导建议

①热水的温度建议在40℃左右，能感知到温度的差别就可以，以免烫伤幼儿。

②教育幼儿感觉冷了，要学会表达并利用一些简单的生热方式来调节。

科学小知识

①改变内能的方法有做功和热传递，其中热传递又可以分成热传导、热对流以及热辐射。

②冷和热没有具体的区分界线，它们是一类主观感受。

活动准备

1.材料准备

守恒量具以及水。

2.搭建活动场景

活动前准备两杯水，一杯冷水，一杯热水。

活动过程

1.感知冷与热

教师让幼儿摸一摸两杯水，问问幼儿哪杯是冷的哪杯又是热的，然后讨论一下平时或者四个季节中什么时候会感觉冷，什么时候会感觉热。

冷水　　热水

2.大家一起动一动

请幼儿玩一玩抢椅子的小游戏，结束后问幼儿的感受，引导幼儿说出感觉到热了。

3.总结生热的方式

教师引导幼儿说出游戏中觉得热了是因为运动了的原因，教导幼儿如果平时觉得冷了，可以告知大人或者运动一下，跺跺脚动一动或者搓搓手摩擦生热。

延伸活动

讨论一下生活中还有哪些产生热的方法，比如说空调、电热毯等。

散热

小班

活动目标

知道一些简单的散热方式。

活动准备

1.材料准备

桌面计量中心（计量勺）、守恒量具、水、扇子、筷子以及冰块。

2.搭建活动场景

分组，4～6人一组，每组准备一个装有热水的杯子，计量勺、扇子、筷子以及冰块。

活动过程

1.感受热量

教师分组，给每组杯子里倒入热水，让幼儿们摸一摸杯子感受热量，之后提出疑问："怎样才能将杯子里的水温度降下来呢？"

2.小组讨论

教师让幼儿们在小组里讨论散热方法，请幼儿试一试他们讨论出的一些方法，看看降温效果。

3.教师补充方法

教师补充方法，如快速搅拌热水加快散热或者直接加入冰块使水温下降。最后引申到人的身体的降温方法，如扇扇子等。

延伸活动

讨论看看夏天有哪些降温方式？

教师指导建议

①引导幼儿多做尝试，仔细观察不同方式的散热效果并尝试用语言描述。

②热水的温度建议在40℃左右，能感知到温度的差别就可以，以免烫伤幼儿。

③活动建议在夏天展开。

科学小知识

本活动涉及的几个散热方法都是属于热传递里的对流。

物质科学
MATERIAL SCIENCE

用热量来拓印

通过游戏感受热量，激发幼儿探究兴趣。

① 引导幼儿注意感温板上颜色的差别。

② 室温低于23℃时，感温板效果明显。

科学小知识

感温板颜色的深浅代表了小手每个部位的不同温度，感温板颜色代表的温度由高到低为：蓝色–绿色–黄色–红色。

活动准备

1.材料准备

神奇感温板、硬纸板以及安全剪刀。

2.搭建活动场景

每人一块神奇感温板进行探究实验。

活动过程

1.体验感温板

教师分发神奇感温板："小朋友们，我们人体表面是有热量的，老师给你们一块神奇的感温板，让你们看看你们小手的热量。"幼儿利用感温板印下自己的手印，发现出现了不同的颜色。

2.观察感温手印

让幼儿观察手印不同部位的颜色，引导幼儿明白热量越高颜色越深。

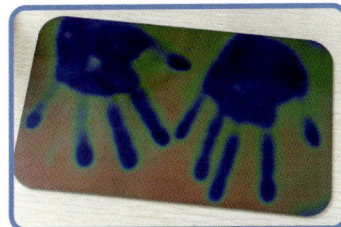

3.利用手上的热量与感温板来玩一玩拓印

教师请幼儿将硬纸板剪成各种图形（面积要求小于手掌，也可由教师带领幼儿一起剪），将硬纸板图形放在感温板上，用手掌压住图形，拿开手与硬纸板后，发现感温板上出现了硬纸板的图形。

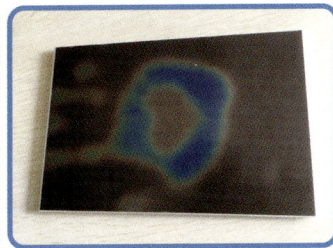

延伸活动

不借助硬纸板，用手直接来印一个"小脚掌"。

第一步：单手握拳，如图所示压在神奇感温板上，脚掌部分就完成了

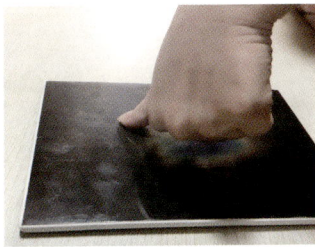

第二步：用手指将一个个脚趾印上

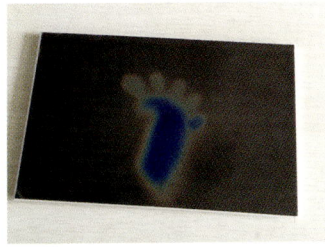

第三步：看看完成的小脚印

空气的热胀冷缩

中班

活动目标

知道空气热胀冷缩的现象。

活动准备

1.材料准备
桌面计量中心（10ml量筒、500ml量杯）、气球以及水。

2.搭建活动场景
将气球吹起（气不要吹足）套在10ml量筒上，这样的气球以及量筒需要配备两套，分别进行气体热胀和冷缩的实验。备好冷水以及热水。

活动过程

1.引入气球小实验
教师引入实验："小朋友们，老师现在变个魔术，让气球自己变大或缩小。"接着将备好的冷水以及热水倒入量杯中，先让幼儿摸一下杯壁感受温差。

热水　　　冷水

2.空气的热胀与冷缩
教师请幼儿仔细观察现象，留意将气球-量筒装置中的量筒分别放入冷水以及热水后气球的变化。让幼儿们猜猜原因，教师引入热胀冷缩的概念。

3.引申到其他物体的热胀冷缩
引导幼儿联系到身边的一些例子，引申到其他物体的热胀冷缩，比如温度计就是利用液体的热胀冷缩性质。

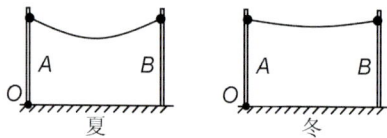

A　B
O
夏

A　B
O
冬

延伸活动

1.利用空气的热胀来试一试将瘪了的乒乓球复原。

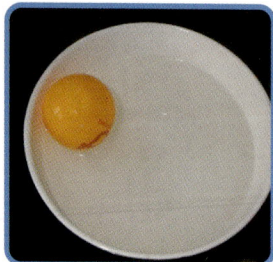

2.利用空气的冷缩来试一试将气球吸在倒掉热水的空杯中。

教师指导建议

① 建议采取教师演示和幼儿操作相结合的形式。

② 热水温度控制在45℃左右，让幼儿触碰量杯的杯壁感受温度的同时避免被烫到。

科学小知识

① 大多数物体在一般状态下都有热胀冷缩的性质，个别物质存在热缩冷胀的现象，譬如水变成冰的过程。

② 如果夏天电工在架设电线时把线绷得太紧，那么冬天时电线受冷缩短时就会断裂。所以一般夏天架设电线时电线都要略有下垂。

③ 车胎夏季充气要比别的季节少些，就是防止高温气体膨胀造成爆胎。

④ 铁路上铁轨铺设要留空隙就是为了防止铁轨热胀冷缩毁坏铁路。

物质科学
MATERIAL SCIENCE

颜色与温度

知道深色物体吸热快。

活动准备

1.材料准备

桌面计量中心（500ml量筒）、手持气象站（玻璃管温度计）以及黑白两色颜料。

2.搭建活动场景

对照实验，活动前先用两个500ml量筒各盛500ml自来水，分别加入黑色和白色颜料。

活动过程

1.对照实验

教师用温度计分别测量两杯水的温度，请幼儿记下它们的水温，随后将两杯水移到室外进行暴晒。

3.检验实验结果

20~30分钟后教师将室外的两杯水拿进教室，再用温度计测量，测量后记录下来，和原先记录的温度进行对比，让幼儿看到底哪杯水温度上升得多。

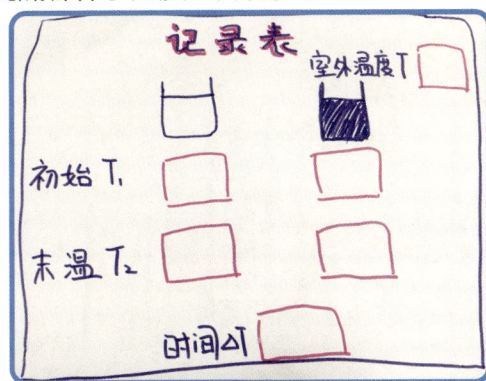

2.猜测实验结果

教师将两杯水移到室外后向幼儿简单介绍实验目的，请幼儿猜猜看经过一段时间后，这两杯水温度是会上升还是下降，并简单说说原因。如果温度上升的话，会上升得一样多，还是一杯上升得多，一杯上升得少。

4.结论以及普及应用

引导幼儿得出结论：因为深色物体吸热要更快，所以温度上升得更快。让幼儿说一说这个知识点在生活中都有哪些具体的应用。

空气

物质科学

物质科学
MATERIAL SCIENCE

空气的存在

1.感知空气的存在。

2.知道简单的空气特性，了解空气的重要性。

教师指导建议

① 活动建议在温暖的季节进行，以免幼儿玩水着凉。

② 建议让幼儿自己动手实验感知空气的存在。

③ 引导幼儿注意观察实验现象，感知空气的存在。

科学小知识

① 在自然状态下空气是无色无味的，具有流动性。

② 空气是多种气体的混合物。它的恒定组成部分为氧气、氮气、氩气和氖气等气体，可变组成部分为二氧化碳和水蒸气，它们在空气中的含量随地理位置和温度不同在很小限度的范围内会微有变动。

③ 空气中的氧气使生物能进行呼吸作用。

活动准备

1.材料准备

幼儿科研套装（小试管、烧杯）、餐巾纸以及水。

2.搭建活动场景

上述材料每个幼儿配备一套。

活动过程

1.引入空气的概念

请幼儿小手抓一抓，问问幼儿手中有没有抓到什么。教师由此引入空气这个物质。

2.体验空气的存在

引导幼儿做个小实验感知空气的存在："我们来做个小实验，大家来看看是不是真的有空气存在。"教师将水倒入烧杯中并将餐巾纸塞入小试管内，问问幼儿如果把这个小试管倒扣入烧杯中餐巾纸会湿掉吗？请幼儿发表自己的观点，然后将试管倒扣在水中，抽出后发现餐巾纸一点都没湿，这是因为试管里那段被压缩的空气保护了它。

3.了解空气的特性

教师请幼儿闻一闻、看一看试管中的空气，引导幼儿发现空气在自然状态下是无色无味的，并介绍空气的重要性。

延伸活动

1.试试用塑料袋或保鲜袋"捉"一袋空气。

2.在胸前贴一张报纸快速走一走，报纸没有掉下去而是跟着一起走了，这是因为人往前走，报纸就被人和空气"夹"住了。

感知空气

中班

活动目标

通过有趣的实验感知空气的存在。

① 引导幼儿注意观察有趣的实验现象，重点是感知空气的存在。
② 实验一的原理可以让幼儿简单想一想说一说，实验二的原理由教师讲解即可。

科学小知识

假如没有空气，我们的地球上将是一片荒芜的沙漠，没有一丝生机。绿色植物利用空气中的二氧化碳以及阳光和水合成营养物质，在此过程中，氧气被释放出来，人类和其他动物呼吸空气来获取氧气。

活动准备

1.材料准备
塑料瓶以及气球。

2.搭建活动场景
每个幼儿配备一套。

活动过程

1.感知周围的空气

幼儿观察飘动的树叶，教师问："你们知道树叶为什么会动吗？"原来是风吹动树叶，也就是流动的空气推动了树叶。随后教师引出实验："今天我们再来做两个小实验来感知无色无味无形的空气的存在。"

2.吹不起来的气球

实验一：让幼儿将气球放入塑料瓶内，吹气口套在瓶口上，然后用力吹气，发现平时一下就能吹起来的气球怎么也吹不起来。问问幼儿这是为什么呢？（这是由于瓶子内有空气存在，而如果想要将瓶内的气球吹大就必须排除瓶子里的一些空气，但是瓶口却被气球封住了，空气排不出，自然气球也就吹不起来了）

3.不会变小的气球

实验二：教师请幼儿接着做下一个实验，先把瓶子捏扁再把气球放进去，同样将吹气口套在瓶口上，再使劲吹吹看，幼儿会发现随着气球被吹起来，捏扁的瓶子也被撑起来了，这时再松开吹气口，气球却并没有缩小。（这是因为气球要缩小就必须让瓶子中的空气将气球里的空气挤出去，但是由于瓶口被封住了，空气进不去，所以气球即使是敞开吹气口也不会变小）

物质科学 MATERIAL SCIENCE

自制降落伞

1.感知空气的阻力。

2.锻炼幼儿动手能力。

教师指导建议

① 橡皮泥要适量。
② 建议用语音小方块录好制作方法教幼儿学习制作降落伞，也可以由教师介绍并一起制作。

科学小知识

空气阻力，指空气对运动物体的阻碍力，是运动物体受到空气的弹力而产生的。

活动准备

1.材料准备
语音小方块、保鲜袋、棉毛线以及橡皮泥。

2.搭建活动场景
大家都动手做一做，每个幼儿一个保鲜袋、四根棉毛线以及少量橡皮泥。活动前用语音小方块活配置好图片录好音，即降落伞的分步制作方法。

活动过程

1.展示降落伞图片
教师在班中展示降落伞的图片或小视频，请幼儿思考为什么降落伞能慢慢降落下来，让幼儿发挥想象。

2.制作并玩一玩降落伞
教师讲解原理，引出空气阻力的标志，之后请幼儿动手按一按语音小方块，并结合语音小方块上的图片自己来做一个小小降落伞。玩一玩自己制作的降落伞，然后再相互交换玩一玩，体验并比较别人制作出的效果的不同。

1.准备材料：保鲜袋、棉线、剪刀、橡皮泥

2.用剪刀在保鲜袋四个角剪出四个小洞，棉线一端穿入小洞并固定

3.用橡皮泥将四条棉线另一端固定住，一个简易的自制降落伞就完成啦！

3.感知空气阻力的影响因素
玩一玩丢纸的游戏，看看捏成团的纸和一张摊开的纸谁的空气阻力大。知道物体的形状能影响空气阻力的大小。

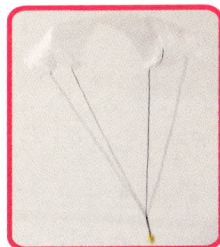

延伸活动

回家后在家长的陪同下，用小手帕再试一试，观察效果。

被压上去的纸片

大班

活动目标

1.感知大气压强。

2.知道大气压强的简单应用。

教师指导建议

实验操作较有难度，建议由教师演示。

活动准备

1.材料准备

守恒量具、幼儿科研套装（滴管）、纸片以及水。

2.搭建活动场景

教师演示实验。

活动过程

1.提出疑问，幼儿思考

教师请幼儿思考，如何不用胶水，而是只用水将纸片粘在守恒量具的杯口上，使守恒量具倒扣纸片也不掉下来。

2.分享与尝试

幼儿分享方法并尝试，最后由教师演示被压上去的纸片："我们已经知道了空气的存在，那么老师今天就请空气帮帮我们，把纸片压上去。"通过奇妙的物理现象引入大气压强的存在。

3.科普大气压强

教师说明原理，简单科普大气压强的发现过程，并请幼儿自己想想或者教师自己介绍一些生活中的大气压强应用。

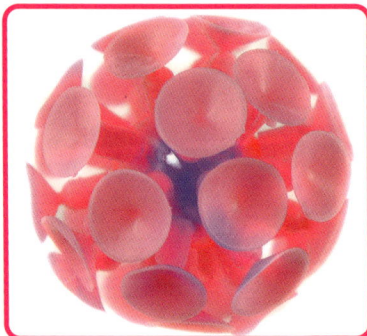

延伸活动

请幼儿用滴管试试看，将空气排出后，管内空气压强变小，管外压强较大的空气将水往试管里压，这样就取到了水。

科学小知识

① 大气对浸在它里面的物体产生的压强叫大气压强，简称大气压或气压。1654年格里克在德国马德堡作了著名的马德堡半球实验，有力地证明了大气压强的存在。

② 大气压强的一些应用：滴管、吸管、打气筒、吸盘等。

物质科学 力与运动

比一比轻重

中班

活动目标

1.认识天平。

2.学会用天平比较物体轻重。

活动准备

1.材料准备

等臂天平、橡皮泥以及标准砝码。

2.搭建活动场景

分组，3～4人一组，每组配备等臂天平以及不同大小、形状的橡皮泥。

活动过程

1.手掂轻重

教师拿出橡皮泥请每组幼儿用手掂一掂，讨论一下手中两块形状不同的橡皮泥哪个比较重。

2.用天平比轻重

教师简单介绍天平："老师这里有个仪器可以帮你来验证到底哪个比较重，它叫天平。"一边演示一边简单讲解天平的结构和用法，将天平分发给各个小组，让幼儿自己来检验一下刚才的掂量结果是否正确。

3.等重

利用天平称量后，将比较重的橡皮泥去掉一点补到轻的上面，试试看能不能让天平保持齐平，引入等重的概念。

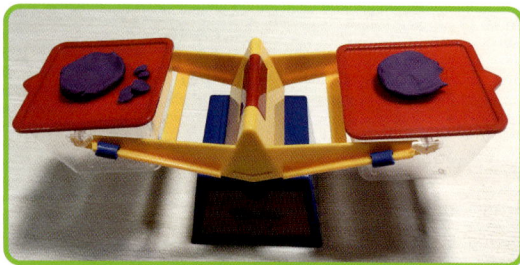

延伸活动

比比看标准砝码的轻重，比如三个小砝码和一个大砝码哪个比较重等，学会比较多个物体轻重的方法。

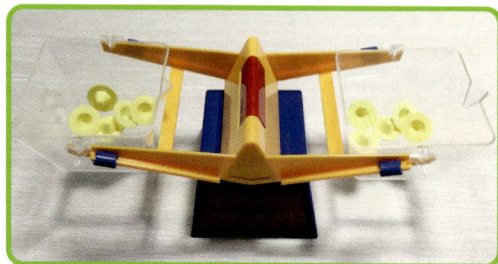

教师指导建议

① 使用天平时提醒幼儿天平要放在水平桌面上。

② 活动前教师应调节平衡螺母，将天平调成平衡状态。

③ 引导幼儿关注天平齐平（即一样重）的状态，引入等重的概念，为之后学习利用天平测量物体质量奠定基础。

科学小知识

天平依据杠杆原理制成，在杠杆的两端各有一个小托盘，两端分别放上两个物体来比较轻重，哪个重哪端往下沉，两端平衡时即是等重。

云霄飞车

1.体验不同形状摩擦力的不同。

2.体验物体起始高度与滑行距离的关系。

3.游戏中感受力与运动。

教师指导建议

①跑道的搭建必须由教师协助完成。

②教导幼儿不要争抢飞车，有序进行活动。

③飞车的起始高度必须要高于搭建的车道最高圈的高度。

④演示不同形状橡皮泥在轨道上的情况时，起始高度不能过高，以免橡皮泥从轨道滑出，影响实验的效果。

科学小知识

①重力势能可转换为动力势能。

②阻碍物体相对运动（或相对运动趋势）的力叫做摩擦力，摩擦力的方向与物体相对运动（或相对运动趋势）的方向相反。括号中为静摩擦力的表达方式。

☘ 活动准备

1.材料准备

大型云霄飞车以及搓成圆球形和方块状的橡皮泥。

2.搭建活动场景

将幼儿分为两组，每组配备一套大型云霄飞车。

⚛ 活动过程

1.简单实验不同形状橡皮泥在车道上的运动情况，引入摩擦力的概念

教师先将一条大型云霄飞车的车道搭好（先不搭建圈形车道，直的车道即可），演示不同形状的橡皮泥在车道上的运动情况，发现圆形的明显要跑得更远。由此引入摩擦力的概念，即阻碍物体运动的力，且形状的不同对摩擦力的大小有影响。（两种橡皮泥的起始高度要一样）

2.搭建云霄飞车车道

在教师的帮助下让幼儿分组搭建车道。

3.试验不同高度的滑行距离

教师请幼儿在搭建好的车道上做实验，请各小组商量好后安排不同高度的位置，让幼儿将小车放上去并同时松手，让大家来关注一下不同起始高度的小车哪个跑得更远。（尽量在同一条车道上进行实验）

4.体验云霄飞车

幼儿自主搭建，体验云霄飞车，教师提醒幼儿注意：一旦小车的起始高度过低它就不能再通过搭建好的圆形跑道。

🧪 延伸活动

在起始位置的高度相差不大的情况下，比一比谁的小车先到达指定位置。

不倒翁

大班

活动目标

1.体验不倒翁，知道不倒翁不倒的原因。

2.知道物体重心越低越稳定。

活动准备

1.材料准备

探究式不倒翁。

2.搭建活动场景

分组，2人或4人一个小组完成探究活动。

活动过程

1.教师展示不倒翁

教师拿出探究式不倒翁（重心先调至最低），让幼儿试试将不倒翁摆动起来。请幼儿讨论看看为什么不倒翁一直不倒，最后由教师简单解释原因（不倒翁的重心总是趋向于中心位置）并介绍一下重心。

2.探究重心高低与物体稳定性的关系

教师告诉幼儿如何改变不倒翁的重心高低，请幼儿分组探究物体重心高低与稳定性的关系，分发不倒翁并请幼儿记录探究结果。

3.分析与总结

幼儿分享小组的探究成果，最后由教师引导幼儿得出结论：物体重心越低就越稳定。

延伸活动

回家后在家长的陪同下尝试用鸡蛋壳以及橡皮泥来自制一个不倒翁。

教师指导建议

探究活动建议让幼儿自己讨论完成实验，教师可从旁辅助，不建议作为演示实验。

科学小知识

①规则而密度均匀物体的重心就是它的几何中心；不规则物体的重心，可以用悬挂法来确定；物体的重心不一定在物体上。

②物体重心越低越容易保持平衡。

③不倒翁态处于平衡时，重心和接触点的距离最小，即重心最低。偏离平衡位置后，重心总是升高的，总是趋向于回复到平衡位置。所以不倒翁无论如何摇摆，总是不倒的。

大班

物质科学
MATERIAL SCIENCE

动力小车

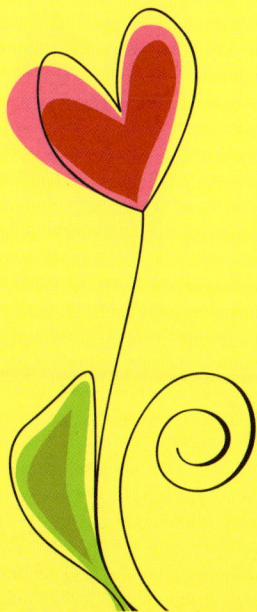

1.体验反冲力,利用反冲力让小车动起来。

2.了解反冲力及其应用。

教师指导建议

引导幼儿关注反冲力的现象。手松开气球口,小车的运动方向是和空气喷出的方向相反的。

科学小知识

① 在一个物体喷出气体、液体或者固体时,被喷出的物体就会产生一个反方向的推力,这个推力,就叫做反冲力。

② 喷气式飞机、火箭以及水上的汽艇就是利用反冲力来制动的。

活动准备

1.材料准备
反冲小车以及不同大小的气球。

2.搭建活动场景
幼儿每人一个反冲小车,自主拼装和实验。

活动过程

1.反冲力的引入
教师问幼儿是否知道一些能让小车动起来的方式,在幼儿发表过观点后引入反冲力的概念,简单介绍。

2.反冲小车的拼接
教师分发反冲小车,让幼儿动手完成小车的拼装,教师可以根据情况提供帮助。

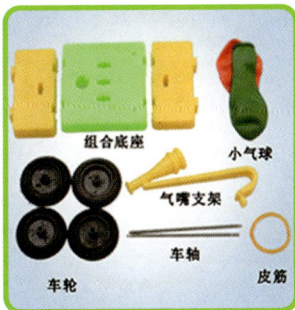

1.实验准备。
认识实验器材:车轮、车轴、气嘴支架组合底座、皮筋、小气球

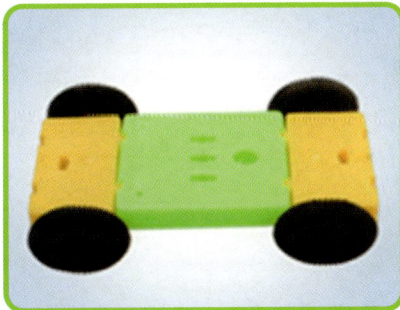

组合底座　小气球　气嘴支架　车轴　车轮　皮筋

2.先组装好小车

3.把小气球套在气球支架上用皮筋扎紧

4.把做好的气球支架插在车子底座上的孔内固定好,(吹大气球捏紧后插入也可)此时要注意,固定的时候不能把吹嘴套的喷口方向歪斜,以免影响实验效果

喷气方向

前进方向

5.选择一块平滑的桌面(地面也可),摆正好小车,然后撒开手放气,小车在气球的气体冲击作用下,会飞快的向前跑起来,此时我们会看出,车子行驶的方向,与气球喷气的方向相反。实验证明了车子向前行驶的力,是由于气球喷出来的气体与空气之间发生了冲击,形成了反冲力量

3.体验反冲小车
教师让幼儿体验反冲小车,比一比看谁的小车跑得远。

4.用不同大小的气球体验反冲力
教师请幼儿将气球吹成不同大小再来体验看看反冲小车,感受反冲力的差别。

生命科学

植物

生命科学
LIFE SCIENCE

认识植物

1.对植物形成初步的概念。

2.知道植物的几个组成部分。

教师指导建议

① 引导幼儿仔细观察细节，区分植物的五大部分。

② 户外探索时间建议在15min左右。

科学小知识

① 亚里士多德将生物区分成植物（通常是不移动的）和动物（时常会移动去获取食物）两种。

② 植物有明显的细胞壁和细胞核，特点是都有进行光合作用的能力。

③ 据估计现存大约有350000个植物物种，直至2004年，其中的287655个物种已被确认。其中有258650种开花植物和15000种苔藓植物。

④ 植物一般是由根、茎、叶、花、果五部分组成，其中的果又包含果实和种子。

活动准备

1.材料准备

录音放大镜以及手持数码显微镜。

2.搭建活动场景

录音放大镜每2～3人一个，1个手持数码显微镜由教师演示使用。

活动过程

1.展示植物图片

教师向幼儿展示各种植物的图片，请幼儿说说看都

叫得出它们的名字吗？由此，引入植物的概念。

2.探索植物

分发录音放大镜，让幼儿在种植区或户外花园里用放大镜观察植物，并把发现用录音放大镜

录下来，引导幼儿描述观察到的植物细节。（可两人一组，一人操作录音放大镜，一人用画纸画出植物特征，而介绍可由两人一同完成，以便于之后与其他小朋友分享探索结果）

3.植物的组成部分

探索结束后请幼儿用录音放大镜分享探索结果，再由教师详细介绍观察到的植物的几个组成部分，并补充幼儿可能没有留意到的细节。

种子　叶脉　茎　根　花

延伸活动

教师用手持数码显微镜选择一种植物照照不同的部位，请幼儿运用刚了解到的知识说说看照到的都是哪个部位。

树叶告诉我

小班

活动目标

1.知道树叶的组成部分。

2.知道树叶末端都是尖的。

3.能够说出部分常见树叶都是属于哪种树的。

活动准备

1.材料准备

手持数码显微镜、各种树叶、颜料以及画纸。

2.搭建活动场景

分组,每组一个手持数码显微镜,准备观察各种树叶。

活动过程

1.观察树叶

教师请幼儿用手持数码显微镜仔细观察这些树叶,想一想并说说看这些树叶有什么共同或不同的地方。引导幼儿描述不同形状的树叶以及发现树叶都有叶脉且末端都是尖的。

2.了解树叶的组成部分以及叶脉的作用

教师简单介绍树叶的组成部分以及叶脉的作用,带领幼儿用手持数码显微镜来找找刚才所说的叶子的组成部分。

3.用叶脉来拓印

教师分发画纸,每组一盘颜料,大家用树叶来拓印,看谁拓印的树叶叶脉最清晰。

延伸活动

1.问问幼儿知道哪些树,给幼儿补充一些其他种类的树,请幼儿猜猜刚才观察的树叶可能来自哪种树。

合欢树叶　枫叶　银杏叶

2.观察仙人掌的叶子,联系其生活环境,想一想为什么会长成这种形状。

(因为尖尖的叶子能大大减少水分的蒸发)

生命科学
LIFE SCIENCE

四季的花

1.认识一些花以及它们的开花季节。

2.知道大部分花都是由花瓣、花蕊以及花萼等部分构成的。

教师指导建议

用来观察的花建议找有花蕊的鲜花，让幼儿观察花蕊的细节。

科学小知识

① 春季的花：风信子、桃花、栀子花、月季、康乃馨、迎春花、牡丹、郁金香、玉兰花、玫瑰花、蔷薇花、小雏菊等。

② 夏季的花：茉莉花、桔梗、向日葵、荷花、紫罗兰、玫瑰花、昙花、凤仙花、甘菊、鸡冠花等。

③ 秋季的花：桂花、迷迭香、菊花、昙花、鸡冠花等。

④ 冬季的花：梅花、水仙、腊梅、玉兰、金盏花、山茶花等。

活动准备

1.材料准备
手持数码显微镜、嗅觉训练板（花）、录音电子书、当季易取得的花、画笔以及画纸。

2.搭建活动场景
活动前先用四本录音电子书分别代表四季，将对应季节的鲜花图片放入对应插袋，简单录上介绍。

活动过程

1.介绍鲜花
教师将四本书放在桌上，让幼儿去翻看四季的鲜花。

2.用显微镜观察鲜花
教师对四季的花稍作总结，之后拿出鲜花并用手持数码显微镜进行观察，引导幼儿观察鲜花的组成部分以及花蕊的形态。

3.画一画喜欢的花
知道花的组成部分以及各种花蕊不同的生长状态后，教师请幼儿将自己喜欢的花画在画纸上。

延伸活动

用手指快速摩擦一下嗅觉训练板，闻一闻手上的花的味道，认一认是哪种花。

玉兰 MAGNOLIA　　菊花 CHRYSANTHEMUM　　薰衣草 LAVENDER

植物的茎

中班

活动目标

知道植物茎的作用。

教师指导建议

① 观察植物茎的细节时可采用切片观察的形式，能看到植物茎是中空且为管状的形体，茎就是利用这种特殊的结构来传输养分的。

② 延伸活动中的浅色小花选择白色效果最明显。

③ 食用茎的例子也可以带实物到课堂让幼儿观察。

活动准备

材料准备

带茎植物、手持数码显微镜、幼儿科研套装（两个小试管以及配套支架）、水、墨水或食用色素以及两个带茎的浅色花朵。

活动过程

1.观察带茎植物

教师请幼儿观察带茎植物，一起来描述一下观察到的植物。

2.进一步观察植物的茎

教师用手持数码显微镜展示植物茎的细节，在让幼儿观察的同时普及植物茎的一些作用。

3.知识拓展

除了输导、支持、储藏以及繁殖的作用之外，一些植物的茎还能被人们食用，请幼儿们认一认这些蔬菜。

延伸活动

做一个体验植物茎吸水输送养分的小实验：两个试管里一个是有颜色的水（添入墨水或者食用色素），另一个是清水，将两个浅色花朵的茎分别插入水中，静置一天后会发现，插在有颜色水中的那个花朵的花瓣开始变色了。

科学小知识

① 植物的茎有输导作用，将根吸收的水分和无机盐沿茎输送到植物其他部位。

② 茎有支持作用，茎靠内部所具有的发达的机械组织，承受着枝、叶、花、果的全部重量和压力，还要抵抗由于风、雨、雪、雹等自然变化所引起的摧残力量，使枝、叶、花、果能够更加合理地展布在空间，进行各自的生理作用。

③ 茎有储藏作用，茎中可以贮藏淀粉、糖类、脂肪、蛋白质以供植物体利用。此外，茎还有繁殖的作用，利用茎、枝进行扦插、压条、嫁接，利用地下茎进行繁殖，已是植树造林和农作物栽培中的一项重要措施。

④ 有些植物的茎还能供人类食用，如马铃薯、莲藕、姜、荸荠、芋、茭白、竹笋、莴苣、球茎甘蓝和榨菜等。

生命科学 LIFE SCIENCE

植物的趋光性

通过实验认识植物的趋光特性。

科学小知识

① 种子萌发的外界条件，除了种子本身要具有健全的发芽力以及解除休眠期以外，也需要一定的环境条件，主要是充足的水分、适宜的温度和足够的氧气。个别种子还需要充足的阳光。

② 趋光这种特性对于植物等自养生物来说十分重要，因为趋光性可以帮助植物获得更多阳光以进行光合作用。

⚛ 活动准备

1.材料准备

豆种、植物趋光盒、幼儿科研套装（试管及试管架）、纱布以及水。

2.搭建活动场景

活动前先将豆种泡在水中一天。

⚛ 活动过程

1.观看"弯曲"的植物

教师展示造型奇特的植物图片，请幼儿描述一下这些图片，引导幼儿发现这些植物都是"弯曲"的，让幼儿猜测一下为什么它们的造型那么奇特，介绍植物的趋光性并引入实验。

2.豆种发芽实验

教师带领幼儿利用试管以及纱布做一个简易的"豆芽机"，第二天就可发现豆种都发芽了。

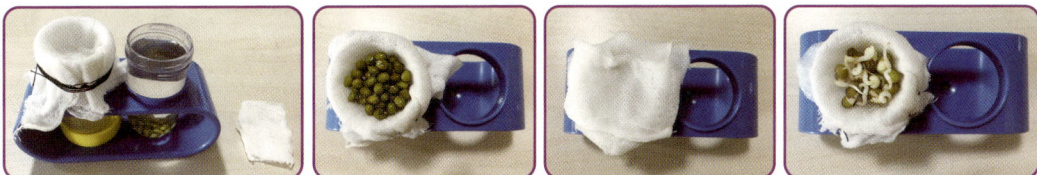

1. 将纱布用橡皮筋或棉线套在试管口，留下空间放置豆种

2. 将泡好的豆种放入第一步的装置中

3. 盖上两层纱布并倒入水，直到有水从纱布底部渗出

4. 静置一天后发现豆种都发芽了

3.植物趋光实验

教师带领幼儿将发芽的豆种从试管中移植到植物趋光盒的载物盒内：在盒子底部铺上浸有营养液的海绵，随后将豆种放入盒内，留下两个孔，较近的孔将阳光遮住。几天后发现豆芽绕开障碍物朝着有阳光的那个孔生长。

⚗ 延伸活动

请幼儿每天记录实验的种子发芽情况（可利用电子互动墙，画一张简单的画配上一句简单的介绍）。

果实的生长环境

活动目标

知道一些果实的生长环境。

活动准备

1.材料准备

电子互动墙以及各种果实的图片。

2.搭建活动场景

活动前教师先准备好30种果实的图片，随机放入电子互动墙的插袋，并同时将其生长环境录好音（如：我是桃子，我长在树上）。另准备一个电子互动墙，将果实及其生长环境（还未采摘前）的图片放入插袋，录上"我是草莓""我是苹果"等对应的说明。

活动过程

1.带领幼儿认识一些常见果实

教师拿出第一个互动墙，请幼儿说说这些果实的名字，教师带领幼儿认识这些果实。

2.了解果实的生长环境

教师询问幼儿其中几种果实的生长环境，请幼儿讨论并说说看其他果实都是长在哪里的，得出结论后教师利用电子互动墙的播放功能来验证一下结论。

3.认识果实还没采摘下时的植物

教师拿出另一个电子互动墙，引导幼儿说说看都是刚才讨论过的哪些果实的照片，让幼儿按播放键验证自己的想法。

延伸活动

回家再搜集一些补充资料，尝试与家长一起做一个小画册来介绍这些植物的果实与它们的生长环境。

教师指导建议

如幼儿认字水平已达到一定程度，则建议教师将第2片电子墙上的提醒文字删去。

科学小知识

① 长在土里的果实：红薯、土豆、山药、芋头、花生、萝卜、藕、大蒜、人参等。

② 长在树上的果实：椰子、苹果、梨、桃子、核桃、猕猴桃、香蕉、开心果等。

③ 长在"草"上的果实（草本植物）：菠萝、草莓等。

④ 长在藤上的果实：西瓜、葡萄、西红柿、黄瓜、茄子、哈密瓜等。

动物

生命科学

认识动物

小班

活动目标

1.认知一些动物。

2.初步了解一些动物的叫声。

活动准备

1.材料准备

电子互动墙以及各种动物图片。

2.搭建活动场景

活动前教师先挑选30种动物的卡片放入电子互动墙的插袋中，并提前将对应的动物叫声录入电子互动墙。

活动过程

1.展示动物图片

教师将各种动物图片展示给幼儿，问一问幼儿这些动物都叫什么名字，之前有在哪里看见过吗。

2.认知动物与它们的叫声

教师拿出电子互动墙，问一问幼儿这些动物的名字，一个个认知。教师介绍并按下播放按钮让幼儿听对应的动物叫声。

3.玩一玩动物小游戏

互动墙上的动物认知完毕后，教师带领幼儿玩一玩动物小游戏，加深印象。教师手指互动墙中的一个卡片，请幼儿来说说动物的名字，学一学该动物的叫声。

延伸活动

请幼儿们来扮演一下自己喜欢的动物，让其他小朋友来猜一猜扮演的是什么动物。

教师指导建议

①第一部分展示动物图片时准备5~6种常见动物即可。

②互动墙插袋中的动物卡片可以不标上动物的名字，昆虫不要涉及太多，后面有专门的活动。

③一些海洋生物的叫声模拟不出，但也可加入互动墙录上名字或者放入第一部分的图片展示中。

④活动3中也可再准备2~3个电子互动墙，不同的电子互动墙插片可选不同动物或相同动物不同图案来进行信息录入。然后分组，每组一片互动墙，让幼儿自己认知动物，加深印象。

科学小知识

①动物分类学家根据动物的各种特征（形态、细胞、遗传、生理、生态和地理分布）进行分类，将动物依次分为7个主要等级，即界、门、纲、目、科、属、种。

②很多人认为长颈鹿没有声带，这其实是错的，长颈鹿的声带很特别，声带中间有浅沟，不好发声，另外，长颈鹿发声需要靠肺、胸腔和膈肌的帮助，由于它的脖子太长，这些器官之间相距太远，叫起来很费力气，所以，它们一般很少叫。

昆虫的特征

活动目标

1.认知昆虫。

2.体验并了解昆虫的复眼。

教师指导建议

① 引导幼儿描述昆虫复眼所观察到的物体。

② 如幼儿认字已达到一定水平，则电子互动墙中昆虫的卡片上可以不出现文字。

科学小知识

① 昆虫是世界上最繁盛的动物，已发现100多万种，比所有其他动物种累加起来都多。

② 昆虫的身体分为头、胸、腹三部分。成虫有一对触角、三对足并且一般有两对翅，翅和足都位于胸部，身体由一系列体节构成。

③ 蜘蛛不是昆虫，它有四对足，蜈蚣也不是昆虫，它有20对足。

④ 复眼是相对于单眼而言的，是昆虫的主要视觉器官，通常在昆虫的头部占有突出的位置。多数昆虫的复眼呈圆形、卵圆形或肾形。它由多数小眼组成，每个小眼都是一个独立的感光单位。

活动准备

1.材料准备

手持数码显微镜、小蚂蚁、昆虫模型、3D观察镜（昆虫）、3合1观察站以及电子互动墙。

2.搭建活动场景

活动前挑选各种昆虫的卡片插入电子互动墙的插袋并录上它们的名字。

活动过程

1.观察昆虫模型

教师简单介绍昆虫这个物种，分发昆虫模型让幼儿观察，引导幼儿发现昆虫通常有6条腿和2个触角，总结一下昆虫的特征。

2.观察小蚂蚁

教师将小蚂蚁放在手持数码显微镜的观察罩下，将显微镜连接到电脑屏幕展示放大的小蚂蚁，验证一下小蚂蚁是否有昆虫的特征。

3.认识更多昆虫

教师拿出电子互动墙让幼儿指一指、认一认，按下播放键就能验证大家有没有说对它们的名字。

4.了解昆虫的复眼

"昆虫的外形特征还有一点——它们有大大的眼睛，而这些眼睛很不一般，我们来用昆虫的眼睛观察一些模型。"简单引入复眼后，教师让幼儿使用3合1观察站中的复眼镜片来观察放在支架下方的小模型。

幼儿会发现小模型有好多叠影，稍稍动一动小模型，会发现在复眼下观察到的叠影效果更加明显，昆虫就是利用它们特殊的复眼来抓捕快速运动的小昆虫的。

延伸活动

幼儿看一看3D观察镜并画一画所认识的昆虫。

动物们的家

中班

活动目标

1. 了解动物的生长环境。

2. 会按照动物的栖息地给动物分类。

活动准备

1.材料准备

电子互动墙。

2.搭建活动场景

初步将动物的栖息地分为五大类——分别是草原、森林、海洋、沙漠以及家养。每一类准备5～6种动物图卡（共30种），打乱放入电子互动墙的插袋中并通过录音录入对应的栖息地信息。

活动过程

1.介绍五种类型的栖息地

教师向幼儿简单介绍五类栖息地，可配合图片一起介绍。

2.了解动物的家在哪里

教师拿出电子互动墙，询问幼儿卡片中动物的家在哪里，然后按下播放键验证。

3.按照栖息地给动物们分一分类

"大家记住互动墙上的动物栖息地在哪了吗？"教师将幼儿分组，分成五个栖息地，请幼儿去抽出互动墙上的动物卡片，只能抽取自己所代表栖息地里的动物，看看哪组找得最准确。最后将动物按栖息地排列，并由幼儿来替它们录入简单介绍。

延伸活动

请幼儿再补充一下还有哪些栖息地或者补充一下每类栖息地还有哪些动物。

教师指导建议

① 动物的名字可以附在卡片上，也可以直接与栖息地信息一起录入互动墙。

② 过程中鼓励幼儿说出自己的理解（为什么你觉得这个动物的家在森林里）。

③ 进行活动第三部分时，可请幼儿在组内讨论好后上来抽取卡片（每轮每组一人，以免幼儿争抢）。

科学小知识

① 草原上的动物：犀牛、梅花鹿、狮子、豹子、羚羊、袋鼠、斑马、鸵鸟、丹顶鹤、草原雕等。

② 森林里的动物：狼、老虎、猴子、青蛙、蛇、熊、松鼠等。

③ 海洋里的动物：章鱼、海星、海豚、海象、海豹、鲸鱼、鲨鱼等。

④ 沙漠中的动物：骆驼、沙鼠、沙漠狐等。

⑤ 家养的动物：猫、狗、鸡、鸭、鹅、奶牛、母鸡、家猪等。

物质科学
MATERIAL SCIENCE

小鸡的成长

1. 了解鸡蛋21天的孵化过程。

2. 知道动物的变态发育。

教师指导建议

教师简单引入变态发育的概念即可，即小时候和长大了形态结构以及生活习性非常不同。

科学小知识

① 鸡孵化期约21天，一般会受到室温影响，可能出现提早或推迟孵化。

② 变态发育是指在出受精卵发育成新个体的过程中，幼体与成体的形态结构和生活习性差异很大。

③ 青蛙、蝴蝶和蜻蜓等昆虫就是变态发育的例子。

活动准备

1. 材料准备

小鸡孵化过程以及动物图片。

2. 搭建活动场景

将幼儿分为5组，每组配备一套小鸡孵化过程；准备5种动物的幼年以及成年时期的图片（至少3种变态发育的动物）。

活动过程

1. 观察小鸡孵化过程

"鸡妈妈生下来的鸡蛋经过21天后才能孵化出小鸡，我们今天来看看这21天小鸡是怎么成长的。"教师请幼儿一个个打开，观察图片，试着自己来描述一下变化。

2. 帮小动物找妈妈

"小鸡的妈妈是鸡妈妈，这里还有五只小动物找不到它们的妈妈，让我们来帮助一下它们。"教师将5种动物幼年时期的图片按组分发给幼儿，组内讨论好后到教师那里帮助小动物寻找妈妈。

3. 引入变态发育的概念

教师引导幼儿发现有些动物小时候和长大了模样很不一样，引入变态发育的概念，介绍一些变态发育的小动物。可以尝试了解毛毛虫到蝴蝶、蝌蚪到青蛙的变化过程。

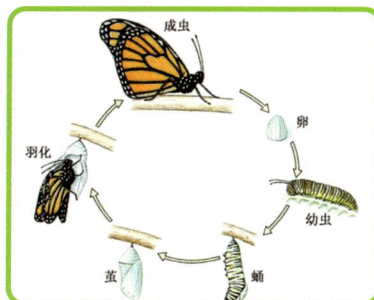

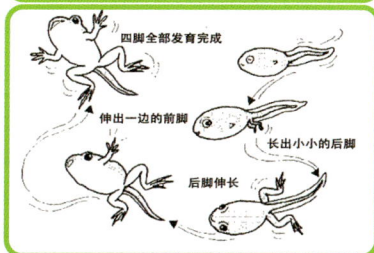

我去户外找动物

大班

活动目标

户外实地探究，激发幼儿对动物探究的兴趣。

活动准备

1.材料准备

录音放大镜、昆虫观察盒、幼儿防摔拍摄机、幼儿科研套装（镊子）以及小铲子。

2.搭建活动场景

每三名幼儿为一组，每组配一个录音放大镜；每三组共用一个幼儿防摔拍摄机。

活动过程

1.布置探究任务

教师分发录音放大镜并布置探究任务，请幼儿到户外去找小动物，用录音放大镜观察并录下对小动物的描述。

2.户外寻找动物

幼儿开始去户外寻找动物，幼儿们可以自由组合，三人一组，观察并用幼儿防摔拍摄机录像。也可以由教师将幼儿发现的小动物拍摄下来，幼儿再用录音放大镜录音介绍。

延伸活动

在教师的帮助下利用镊子或小铲子等捕捉几只小动物放入昆虫观察盒观察。

教师指导建议

① 教师应时刻留心，在幼儿发现小动物时提醒幼儿不要立马用手去碰，教师要及时介绍这种动物的名字。

② 引导幼儿描述看到的虫子。

③ 进行延伸活动捕捉小动物时，建议将其生活环境也放入昆虫观察盒，如捕捉蚯蚓时应同时放一些泥土进去。

科学小知识

蚯蚓是户外环境中比较常见的动物，身体呈圆柱形，两侧对称，具有分节现象，由100多个体节组成，在第11节以后，每节的背部中央有背孔，蚯蚓没有骨骼，在体表覆盖一层具有色素的薄角质层，且除了身体前两节之外，其余各节均具有刚毛。

生命科学 LIFE SCIENCE 动物们的生活习性

1.观察各种小动物的生活习性。

2.实物观察，激发幼儿的研究兴趣。

教师指导建议

①布置昆虫观察盒时可以使用"我去户外找动物"活动中捕捉到的小动物。

②引导幼儿观察小动物的生活环境以及运动方式。

③建议每组准备2种以上小动物进行观察，如小乌龟、小金鱼、蚯蚓、小昆虫等。

科学小知识

①蚯蚓是喜温、喜湿、喜安静、怕光、怕盐、怕单宁味的夜行性环节动物。白天栖息在潮湿、通气性能良好的土壤中，栖息深度一般为10～20厘米，夜晚出来活动觅食。

②田螺是腹足类软体动物，喜栖息于冬暖夏凉、底质松软、饵料丰富、水质清新的水域中，特别喜集于有微流水之处，喜夜间活动，夜间摄食旺盛。

③自然生长的河蟹一般是穴居或隐居。在食物丰盛、饱食时，它们为躲避敌害，常常营穴居生活。没有穴居条件时，它们便躲在石砾或草丛中隐居，通常喜欢生活在水质清洁、水草丰盛的江河湖泊中，在池塘中时，它们常隐伏在池底的淤泥中。河蟹还有抢食好斗的习性，为了争抢一顿美餐，经常会互相残杀。

活动准备

1.材料准备

昆虫观察盒以及各种小动物。

2.搭建活动场景

活动前由教师先将小动物放入昆虫观察盒。（盒内布置小动物的生活环境，如水生动物要放水，陆地动物要放对应的泥土或树枝等，尽量接近真实的生活环境）建议将全班幼儿分成6组进行活动。

活动过程

1.分组并布置探究任务

教师对幼儿进行分组并布置探究任务，请每组幼儿观察分发到的小动物，对小动物的生活环境以及运动方式（如飞、跑、游、爬等）进行描述。

2.观察小动物

幼儿观察小动物并用语言描述，教师巡视指导并给予帮助，幼儿观察完本组的可以与其他小组交换观察并描述分享。

3.普及知识

观察结束后教师总结并介绍一些小动物的生活习性。

延伸活动

拓展并科普其他大型动物的生活习性。

动物怎么保护自己

大班

活动目标

知道一些动物保护自己的方法。

活动准备

1.材料准备
教师用电子书以及语音小方块。

2.搭建活动场景
活动前教师选择一种动物保护自己的方法编一个故事，利用教师用电子书，配上图并录好音。用语音小方块配上其他一些动物图片并录上该动物保护自己的方式。

活动过程

1.欣赏小故事
教师利用教师用电子书给幼儿讲一个动物保护自己的故事，引发幼儿思考：动物怎么保护自己。

2.思考及讨论
教师让幼儿结合生活经验和阅读等，说一说动物们都有哪些保护自己的方式。然后拿出贴有小动物图片的语音小方块，让幼儿们说说看这些动物可能是怎么保护自己的，最后拍一拍小方块，看看是不是和自己想的一样。

3.总结
教师和幼儿一起总结小动物保护自己的方式。

延伸活动

将幼儿分组。每组幼儿选择一种动物保护自己的方式，一起编演一个故事。

教师指导建议

鼓励幼儿积极发言。

科学小知识

小鹿、马等动物碰到危险选择逃跑；变色龙、某些蝴蝶和鱼类通过伪装成其他植物、动物等来避免危险；碰到危险时，壁虎断尾求生、螃蟹断腿求生；海参碰到敌人会吐出自己的内脏，过50天后会再长出来；乌龟有硬壳、刺猬有硬刺；乌贼喷墨；臭鼬放屁……

自然界的食物链

1.知道食物链的概念。

2.知道几条简单的食物链。

教师指导建议

引导幼儿了解食物链的完整与生态平衡的关系。

科学小知识

① 在生态系统内，各种生物之间由于食物而形成的一种联系，叫做食物链。

② 森林食物链：草-蚱蜢-青蛙-蛇-老鹰。
海洋食物链：浮游生物-虾米-鱼-鲨鱼。
草原食物链：草-兔子-狐狸-狼。

活动准备

1.材料准备
电子互动墙与所选食物链中的动植物图片。

2.搭建活动场景
准备几条不同的食物链，利用电子互动墙的竖排插袋进行游戏。提前用互动墙录好音（比如：我是小草；我是兔子，我喜欢吃小草等），但是图片应由幼儿在游戏中放入。

活动过程

1.情景讨论
"动物王国里，有一天狼把羊妈妈捉走了准备吃掉，小羊很担心就跑到狮子国王那告状，最后狮子决定把狼都驱逐出去。小朋友们讨论一下，后面会发生什么呢？"请幼儿讨论或续编一下后面的故事。

2.引入食物链
教师引导幼儿思考：没有了狼，小羊越生越多，小草都被吃光了，来不及再生长，最后草原没有了，小羊们也都快被饿死了。由此引入食物链，自然界的动植物谁都不能缺。

3.食物链小游戏
教师拿出互动墙，一条一条食物链分开玩。将一条食物链的动物图片发给幼儿，让幼儿自己讨论，将食物链排好插入插袋中再播放声音，验证大家排得对不对。

延伸活动

幼儿扮演食物链中的动植物，来找一找、排一排自己的食物链。（可为幼儿准备好动物头饰）

人

生命科学

我们的身体

1.认识自己身体的几个部位。

2.知道人体的五个感官及其对应的感觉。

3.了解自己的确切鞋码。

教师指导建议

延伸活动中，鞋码的读数可由教师帮助读取。

科学小知识

①身体，指人或动物的整个生理组织，有时特指躯干和四肢。

②眼、耳、鼻、舌、手五个感官分别对应五种感觉：视觉、听觉、嗅觉、味觉以及触觉。

③保护自己的视力，我们应该避免长时间看屏幕；保护自己的听力，我们应该远离噪声源，不要去抠耳朵；保护自己的嗅觉，我们应该不要闻刺激性气味；保护自己的味觉，我们应该要注意饮食健康，不要一直吃过冷或过热的食物；保护自己的触觉，我们要保护好自己的身体，平时运动时要注意安全。

活动准备

1.材料准备

手脚测量器。

2.搭建活动场景

教师根据幼儿人数分组，每组准备一个手脚测量器。

活动过程

1.说哪指哪

幼儿在教师的带领下玩一玩说"哪指哪"，在游戏中认识身体的各个部位（四肢、五官等）。

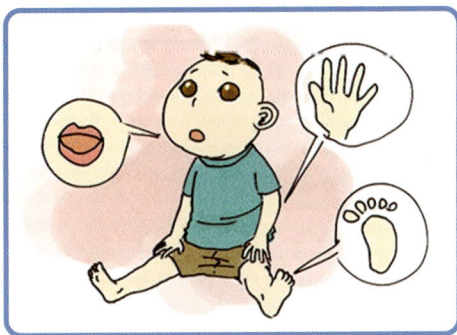

2.说一说这五个感官能做什么

教师指出眼、耳、鼻、舌、手，分别问一问这几个器官能做什么，引导幼儿发现五个感官的用处。

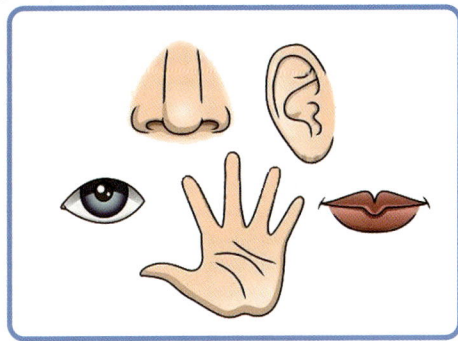

3.感官本领大

在教师的引导下幼儿体验五个感官的大本领，教导幼儿要保护好自己的身体，同时请幼儿讨论一下怎么保护自己的身体，最后由教师总结。

延伸活动

在教师的帮助下分组测一测自己的确切鞋码。

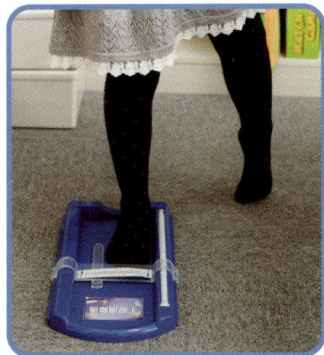

鼻子真有用

活动目标

1. 基本了解鼻子的作用。

2. 加强保护鼻子的意识。

活动准备

1.材料准备

嗅觉训练套装。

2.搭建活动场景

教师根据幼儿人数分组，每组配备一套嗅觉训练套装。

活动过程

1.观察鼻子

教师简单复习"我们的身体"活动的知识点，请幼儿观察一下小伙伴的鼻子，大家来描述一下鼻子的结构，想一想鼻子能做什么。

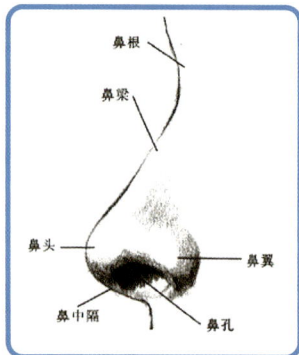

2.体验鼻子能呼吸

教师请幼儿将小手放在鼻子下方，深呼吸几下，感受鼻子呼吸时的气流，发现鼻子能够用来呼吸。通过鼻子呼吸，空气在鼻腔中被"加工"后再进入人的呼吸系统进行呼吸作用。

3.体验鼻子能闻味道

教师分发嗅觉训练套装，请幼儿用手指迅速摩擦一下训练板，再用鼻子来闻一闻味道，认一认各种物品散发出的气味，感受嗅觉的神奇。

4.加强保护鼻子的意识

教师科普一些保护鼻子的小贴士，不要一直抠鼻子，更不要把东西往鼻子里塞，等等。

延伸活动

比一比谁的鼻子最灵，在幼儿熟练认识嗅觉板的前提下，一个幼儿选择一块嗅觉板用手指摩擦让另一个幼儿闻一闻是什么味道，比一比看谁认得多。

教师指导建议

引导幼儿加强保护鼻子的意识。

科学小知识

① 鼻子分为外鼻、鼻腔和鼻旁窦三个部分，是呼吸道的起始部，也是嗅觉器官。

② 人在呼吸的时候，鼻腔不只是空气的通道，由于鼻腔组织构造的特殊性，它还是空气的"加工厂"，有温暖空气、湿润空气和洁净空气的功能。

③ 鼻子能闻出各种味道，是因为在鼻腔的内壁，有一块大约5平方厘米的黏膜，分布着1000多万个嗅觉细胞。当人吸气时，飘散在空气中的气味分子钻进鼻腔，与里面的嗅觉细胞相遇，嗅觉细胞将感受到的刺激转化成特定的信息，传入大脑，于是就产生了嗅觉，人就闻到了气味。

生命科学
LIFE SCIENCE

指纹画

1.了解指纹。

2.知道每个人的指纹都是不一样的。

教师指导建议

让每个幼儿都用手持数码显微镜照照看自己的手纹。

科学小知识

① 指纹就是表皮上突起的纹线。由于人的指纹是遗传与环境共同作用的,所以虽然指纹人人皆有,但各不相同。

② 有的指纹有同心圆或螺旋纹线,看上去像水中漩涡的,叫斗形纹;有的纹线是一边开口的,就像簸箕似的,叫箕形纹;有的纹形像弓一样,叫弓形纹。

活动准备

1.材料准备
手持数码显微镜、颜料、画笔以及画纸。

2.搭建活动场景
手持数码显微镜尽可能一个班配备两个。

活动过程

1.认识指纹

教师请幼儿观察自己的手指,引导幼儿发现手指头上都有纹路,引入指纹的概念,询问幼儿指纹都一样吗?

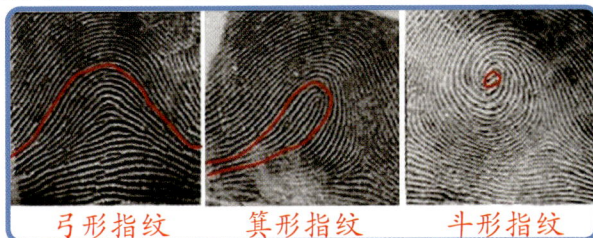

弓形指纹　　箕形指纹　　斗形指纹

2.观察指纹

教师拿出手持数码显微镜,请幼儿用显微镜观察一下自己的指纹,同一只手的每个手指指纹一样吗?自己左右手的指纹呢?告诉幼儿每个人的指纹都是独一无二的,所以指纹可以作为身份鉴定的工具。观察过程中告诉幼儿哪种纹是螺形纹,最后请幼儿数数看自己有几个螺形纹。

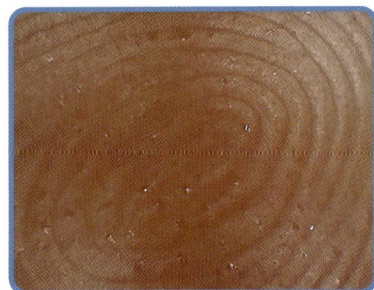

3.指纹画

教师分组,每组一份颜料,请幼儿将自己的指纹在画纸上进行拓印,加上画笔加工,请幼儿发挥想象力,看谁做的指纹画最有创意。

延伸活动

回家数一数家长的螺形纹,看看他们各有几个。

营养金字塔

中班

活动目标

知道膳食要均衡，不能挑食。

教师指导建议

在游戏过程中问问幼儿为什么这样搭配，请幼儿说说自己的想法。

科学小知识

① "金字塔"的第一层是最重要的粮谷类食物，它构成塔基。每日粮豆类食物摄取量为400～500克，粮食与豆类之比为10:1。

② "金字塔"的第二层是蔬菜和水果，在金字塔中占据了相当的地位。每日蔬菜和水果摄入量300～400克，蔬菜与水果之比为8:1。

③ "金字塔"的第三层是奶和奶制品，以补充优质蛋白和钙。每日摄取量为200～300克。

④ "金字塔"的第四层为动物性食品，主要提供蛋白质、脂肪、B族维生素和无机盐。禽、肉、鱼、蛋等动物性食品每日摄入量为100～200克。

⑤ "金字塔"塔尖为适量的油、盐、糖。

活动准备

1.材料准备

膳食科学游戏。

2.搭建活动场景

四人一组，每组配备一套膳食科学游戏。

活动过程

1.认一认食物

教师拿出膳食科学游戏中的食物图片让幼儿认一认这些食物，介绍一下自己喜欢吃的食物。

2.了解食物的分类

教师简单介绍食物的分类，问一问幼儿刚才那些图片中的食物是属于哪一类的，将食物图片放到膳食分类托盘中对应的格子里，引入营养金字塔的概念，引导幼儿知道膳食要均衡，不能挑食。

3.玩一玩膳食科学游戏

每组幼儿来玩一玩膳食科学游戏，每组中请两个幼儿作为主人，另两个作为客人，让"主人"为"客人"搭配一份营养午餐。

生命科学
LIFE SCIENCE

身体里的器官

认识人体内一些主要器官的名称及形状。

活动准备

1.材料准备

人体模型、人体模型图纸（黑白图纸，器官没填色）、彩色笔。

2.搭建活动场景

每人一份人体模型图纸。

活动过程

1.肚子里有什么

教师请幼儿想一想、说一说我们的肚子里有什么。

2.人体模型演示

教师拿出人体模型，一边拆下各种器官，一边告诉幼儿这些器官的名称及主要作用（知道主要器官即可），同时请幼儿注意器官的位置，用手指一指每个器官大概在自己身体的哪个部位。

3.器官填色

教师发放人体模型图纸以及彩色笔，根据教师报出的器官名称以及对应颜色来填色。

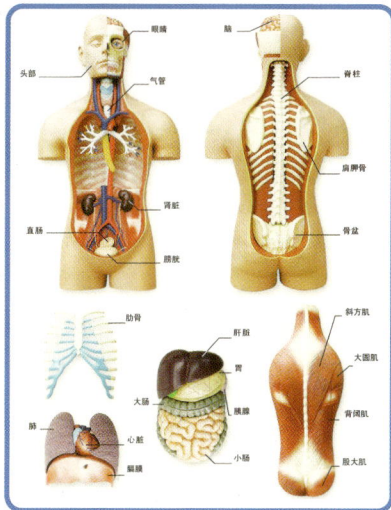

延伸活动

指一指自己的肚子，这些器官的大致位置在哪里，看谁正确率最高速度最快。

小西瓜籽的旅行

活动目标

1.认识人体的消化系统。

2.增强健康饮食的意识。

活动准备

1.材料准备

人体模型。

2.搭建活动场景

活动前可先将人体肝脏、胰腺等非消化系统的器官移走。

活动过程

1.西瓜籽开始旅行

"小朋友们夏天爱吃解渴的西瓜吗？西瓜籽大家吐不吐？"教师引入西瓜籽的旅行："有颗小西瓜籽因为小朋友洋洋不吐子又没嚼碎经历了一次神奇的旅行，大家来一起看看它的旅行过程吧。"

2.可怜的胃大哥

教师带领幼儿"体验"消化系统的旅行，一边用手指着演示一边解说器官名称。中间小西瓜籽到了一个大口袋里，原来它就是胃大哥，但是胃大哥身上却有伤口，这是由于洋洋不健康的饮食造成的。

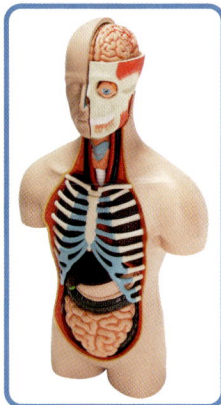

3.总结小西瓜籽的旅行

教师再带领幼儿指一指、说一说小西瓜籽的旅行都经过了哪里。

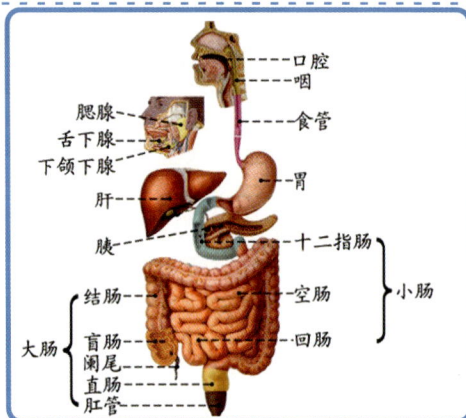

口腔
咽
腮腺
舌下腺
食管
下颌下腺
肝
胃
胰
十二指肠
结肠
空肠
小肠
盲肠
回肠
阑尾
直肠
大肠
肛管

延伸活动

活动后请幼儿根据人体模型的消化系统也来说一下小西瓜籽的旅行的故事。

教师指导建议

①讲故事与幼儿讨论配合完成。

②引导幼儿注意不要一下吃过冷的食物一下吃过热的食物，饮食要适量，不可过多也不能太少。

③教师可参考人体模型中附上的教师指导用书。

科学小知识

①人体有八大系统，分别是：运动系统、神经系统、内分泌系统、循环系统、呼吸系统、消化系统、泌尿系统、生殖系统。

②消化系统由消化道和消化腺两大部分组成。消化管包括口腔、咽、食道、胃、小肠（十二指肠、空肠、回肠）和大肠（盲肠、阑尾、结肠、直肠、肛管）等。

地球科学

天气与季节

天气

小班

活动目标

1.认知天气种类。

2.了解不同天气的典型特点。

活动准备

1.材料准备

电子互动墙以及各种天气的图片。

2.搭建活动场景

活动前教师将选择好的各种天气的图片放入电子互动墙的插袋内，同时录好音。

活动过程

1.观看天气预报

教师在活动前播放一小段天气预报，问一问幼儿什么是晴天，什么是雨天，还知道哪些天气情况。

2.介绍更多的天气种类

幼儿讨论后教师拿出准备好的电子互动墙介绍天气情况，通过视觉和听觉的双重效果使幼儿加深对天气的理解和记忆。

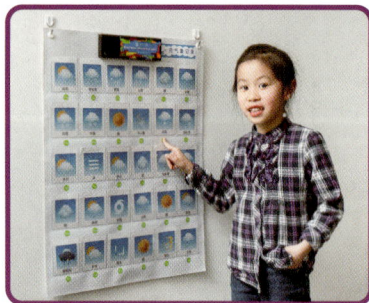

3.说一说今天的天气

请幼儿说说看今天的天气怎么样，从互动墙上抽出当天的天气卡片来介绍一下。

延伸活动

角色扮演：我来做气象播报员。

教师指导建议

① 录音介绍天气时，可以搜索对应天气的声音作为背景音，如下雨天背景音可搭配雨声。

② 介绍天气时，请幼儿说一说这样的天气里可以去做什么或者需要注意什么。

科学小知识

天气种类有：晴、多云、阴、阵雨、雷阵雨、雷阵雨伴有冰雹、雨夹雪、小雨、中雨、大雨、暴雨、阵雪、小雪、中雪、大雪、暴雪、雾、冻雨、沙尘暴、浮尘、扬沙、沙尘暴、强沙尘暴、台风、龙卷风、霾等。

小水滴的旅行

1.知道云的形成过程。

2.简单了解云与天气的关系。

教师指导建议

① 观察云的时候提醒幼儿不可直视太阳。

② 建议先完成"水的三态"活动，再进行本活动。

科学小知识

① 地面上的水吸热变成水蒸气，上升到天空蒸汽层上层，蒸汽层上层温度低，蒸气体积缩小比重增大，开始下降。蒸汽层下面温度高，下降过程中吸热，再度上升，遇冷，再下降，如此反复气体分子逐渐缩小，最后集中在蒸汽层底层。在底层形成低温区，水蒸气向低温区集中，就形成了云。

② 天空有各种不同颜色的云，很厚的云，太阳和月亮的光线很难透射过来，看上去云就很黑；日出和日落时，由于太阳光线是斜射过来的，穿过大气层，光线的短波部分大量散射，红、橙色的长波部分，散射得不多，因而照射到大气下层时，长波光特别是红光占着绝对的多数，这时不仅天空是红的，就连被它照亮的云层底部和边缘也变成红色了。

活动准备

1.材料准备

教师用电子书。

2.搭建活动场景

活动前教师将小水滴的旅行（云的形成过程）制作成富有童趣的图片，插在教师用电子书里，给每幅图片录入简单的介绍。剩余的插袋可插入天气图片并简单录入云与天气的关系。

活动过程

1.简单复习水的三态

教师带领幼儿简单复习水的三态的知识点。

2.小水滴的旅行

"大家来看看天空中的云朵，"教师请幼儿描述看到的云朵，"其实啊，云朵的形成过程就是小水滴的一次旅行，我们来结合水的三态看看小水滴是怎么完成它的旅行的。"随后，教师结合电子书为幼儿解释云的形成。

3.云与天气的关系

教师再次翻开电子书，简单介绍云和天气的关系，只需介绍小水滴太多会下雨，温度太低小水滴结冰会下冰雹等一些简单知识即可。

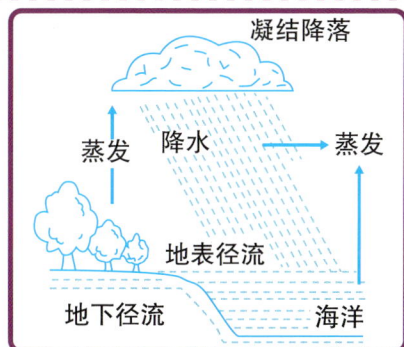

延伸活动

请幼儿来说一说自己所理解的小水滴的旅行。

四季

活动目标

1.大概知道一年四季的月份。

2.简单了解四季的特点。

中班

教师指导建议

建议可以与"四季的花"搭配进行，譬如先完成本活动再进行"四季的花"活动，也可单独进行。

科学小知识

①春季一般指的是一年的3到5月，夏季6到8月，秋季9到11月，冬季12月到隔年2月。

②春天是一个富有生命力的季节，各种绚丽的花朵开放了，候鸟也从南方迁到北方，动物们从沉睡中醒来，小草开始发芽，大地上到处都显现出欣欣向荣的景象。

③夏季是植物生长最旺盛的时期，远山由一片青绿色变成了翠绿色，田野里的农作物生长旺盛，树市枝叶繁茂。

④秋天万物成熟是收获的美好时节，但秋天也是万物逐渐凋谢、呈现衰败景象的季节。果树上果实累累，农田里收获满满，枫叶变红，野菊花开放，榛果也噼里啪啦掉在地上。

⑤冬天，天气越来越冷，候鸟飞到南方过冬，小河结冰，树上的树叶都掉光了，连小草也变黄了，许多动物开始冬眠，但腊梅却开花了。

活动准备

1.材料准备

关于四季的画作，碟形实物投影仪，画笔、画纸，趣味发声盒以及有关四季特色的卡片。

2.搭建活动场景

活动前先在画纸上画好四棵树（不涂色），建议1～2个幼儿一张。四个趣味发声盒录上"春天""夏天""秋天""冬天"。

活动过程

1.简单引入四季

教师询问幼儿知道一年中有几个季节吗，知道它们分别在一年中的哪几个月份吗，最喜欢的又是哪个季节，说一说原因。教师鼓励幼儿积极表达自己的想法。

2.欣赏四季的画作

教师利用碟形实物投影仪给幼儿展示四季的画作，问问幼儿这是属于哪个季节的，这个季节是什么颜色的，同时教师在幼儿讨论中补充幼儿没想到的一些季节特点。

3.画一画不同季节的树

同样的四棵树，请幼儿用不同颜色的画笔画出不同季节的效果，过程中请幼儿说说看自己的想法，为什么在这个季节树是这个颜色的。

4.四季的特点

教师询问幼儿知道哪些四季的特色（四季的食物、衣物、植物、电器设备等），同时教师在幼儿讨论中补充幼儿没想到的一些季节特点。

延伸活动

利用趣味发声盒玩一玩归类游戏，将四季特色的卡片分发给幼儿，让幼儿来将这些卡片归类。

龙卷风

地球科学
EARTH SCIENCE

1.知道龙卷风这种极端天气现象。

2.简单了解龙卷风的成因。

教师指导建议

①建议3~4人一个龙卷风模型，让幼儿都能体验到自己制造龙卷风的乐趣，激发幼儿探究兴致。

②龙卷风的成因只需让幼儿知道它是不断旋转的风。

科学小知识

①龙卷风是大气中最强烈的涡旋的现象，常发生于夏季的雷雨天气，尤以下午至傍晚最多，影响范围虽小，但破坏力极大。

②龙卷风的形成可以分为四个阶段：

（1）大气的不稳定性产生强烈的上升气流；

（2）由于与在垂直方向上速度和方向均有切变的风相互作用，上升气流在对流层的中部开始旋转，形成气旋；

（3）随着气旋向地面以及向上伸展，它本身变细并增强，同时也形成了龙卷核心；

（4）龙卷风核心中的旋转与气旋中的不同，它的强度能使龙卷一直伸展到地面。当涡旋到达地面时，地面气压急剧下降，风速急剧上升，形成龙卷风。

活动准备

1.材料准备
龙卷风模型。

2.搭建活动场景
活动前先准备一段关于龙卷风的视频。

活动过程

1.观看龙卷风的影片
教师播放一小段龙卷风的影片，请幼儿说说看这是什么，描述一下看到的龙卷风。

2.讨论龙卷风的形成
教师问幼儿龙卷风是怎么形成的，鼓励幼儿大胆说出自己的想法。

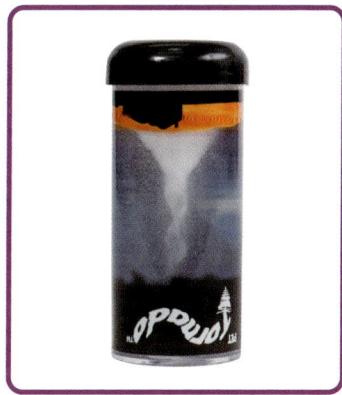

3.自己来制造龙卷风
教师分发龙卷风模型，让幼儿体验自己制造龙卷风，引导幼儿注意观察现象。

延伸活动

用普通的矿泉水瓶装满水试试看能不能也做出龙卷风的形状。

测一测天气

活动目标

1.尝试探索天气的奥秘，形成做一名小小气象员的意愿。

2.知道罗盘、气压计、湿度计以及两种温度计的测量对象，并初步了解其测量方法。

活动准备

1.材料准备

手持气象站。

2.搭建活动场景

分组，5人一个小组，每组配备一套手持气象站。

活动过程

1.介绍手持气象站

教师介绍手持气象站，介绍内容包含每一个仪表的测量对象以及使用方法与注意事项。

2.户外探究

教师分发手持气象站，让幼儿到户外探究，5人一组，尽量确保每个幼儿都有仪表可以进行探索。

延伸活动

1.测一测雨量。

2.测一测一天当中哪个时候温度最高。

教师指导建议

①温度可以由幼儿尝试自己读数，其他数值不要求幼儿准确读数，只要体验仪表的使用，加深对仪表知识的认识即可。

②雨量的测量可由教师演示。

科学小知识

①手持气象站中每个仪表都能牢固地嵌在底座上，方便幼儿手提。气压计上还有对应的气象图标，显示气压与天气状况的关系；湿度计上有对应的云量图，让幼儿能直观地观察云量与湿度的关系；温度计的辅助指针还可以测量最高温和最低温。

②气压是作用在单位面积上的大气压力，即等于单位面积上向上延伸到大气上界的垂直空气柱的重量。

③湿度，表示大气干燥程度的物理量。在一定的温度下，在一定体积的空气里含有的水汽越少，则空气越干燥；水汽越多，则空气越潮湿。

地球科学 环境与资源

95

土壤里有什么？

活动目标

1.观察土壤里有什么，知道土壤是混合物。

2.初步了解土壤对人类的重要性。

活动准备

1.材料准备

电子互动墙、新采集的土壤、手持数码显微镜以及各种土壤的图片。

2.搭建活动场景

活动前先将各种土壤的图片放入电子互动墙的插袋中，录音配上该土壤对应的种植物。

活动过程

1.什么是土壤

教师提问幼儿什么是土壤，鼓励幼儿说说自己的理解，再猜猜看土壤里会有什么。

2.观察土壤

让幼儿用手持数码显微镜观察新采集的土壤，一起说说土壤里的物体名称。

3.介绍土壤的科普知识

教师拿出电子互动墙，向幼儿科普土壤的分类，并利用录音向幼儿科普不同土壤分别适合哪些种植物生长。

延伸活动

观察不同的土壤。

教师指导建议

可由教师操作显微镜观察土壤，也可分组配备手持数码显微镜来对土壤进行观察。

科学小知识

① 土壤是地球表面的一层疏松的物质，由各种颗粒状矿物质、有机物质、水分、空气、微生物等组成。

② 中国土壤资源丰富、类型繁多，世界罕见。中国主要土壤类型可概括为红壤、棕壤、褐土、黑土、栗钙土、漠土、潮土（包括砂姜黑土）、灌淤土、水稻土、湿土（草甸、沼泽土）、盐碱土、岩性土和高山土等系列。

③ 红壤系列的土壤适于发展热带、亚热带经济作物。作物一年可二熟，乃至三熟、四熟，土壤生产潜力很大；棕壤系列土壤均为很重要的森林土壤资源；褐土系列除灰褐土是重要的林用地外，其他土壤为中国北方的旱作地；黑土系列的土壤适于发展农、牧业和林业，特别是黑土、黑钙土和白浆土是发展农业的重要资源，农业生产潜力巨大。

垃圾分类

1.知道垃圾的大致分类。

2.培养环保意识。

教师指导建议

着重培养幼儿的环保意识。

科学小知识

①在我们的国家，通常把垃圾分为四类：有害垃圾、厨余垃圾、可回收垃圾以及其他垃圾。

②可回收垃圾可分为：玻璃、塑料、布料、金属、废纸以及竹布。

③垃圾分类处理的优点有：减少占地（生活垃圾中有些物质不易降解，使土地受到严重侵蚀。垃圾分类，去掉可以回收的、不易降解的物质，减少垃圾数量达60%以上）；减少环境污染（有害垃圾回收利用可以减少危害）；变废为宝（各种固体废弃物混合在一起是垃圾，分选开就是资源）。

活动准备

1.材料准备

垃圾回收套装以及垃圾分类短片（公益广告等）。

2.搭建活动场景

3~4人一组，每组配备垃圾回收套装。

活动过程

1.观看垃圾分类短片

教师播放垃圾分类的短片，询问幼儿什么是垃圾分类，为什么要进行垃圾分类，鼓励幼儿表达自己的想法。

2.了解垃圾种类

教师向幼儿普及垃圾的四大类别，请幼儿说一说哪些垃圾是属于这些种类的（可结合垃圾分类的短片开展）。

3.了解可回收垃圾的种类

每组分发垃圾回收套装，教师介绍可回收垃圾的种类，带领幼儿认识小卡片以及它们的分类。

延伸活动

比一比哪个组能在最短时间内将54种常见的可回收物品小卡片正确分类。

资源勘探：沙中寻宝

中班

活动目标

1.在游戏中探索科学。

2.体验勘探员的职业。

活动准备

1.材料准备

迷你金属探测仪、各类硬币、小铲子以及小桶。

2.搭建活动场景

活动前教师将硬币埋入沙坑内。每个幼儿配备一个迷你金属探测仪以及一把小铲子，小桶数量可根据教师安排，若分小组可每组配备一个。

活动过程

1.引入资源勘探

"我们国家很大，资源很丰富，但是在利用这些资源前我们必须先发现它，今天老师就要跟你们介绍一个职业——勘探员。"教师引入资源勘探，"勘探员勘探到资源，就能对资源进行开发利用或保护，我们今天来体验一下，做一名小小资源勘探员。"

2.勘探前的准备工作

教师介绍迷你金属探测仪并演示其用法，分发探测仪以及小铲子，请幼儿在沙中寻宝，探测到后用小铲子挖出放入小桶内。

3.体验资源勘探

幼儿体验资源勘探，可以分组进行，看看哪个小组找到的"资源"多。

延伸活动

利用迷你金属探测仪来做一个小小安检员。

教师指导建议

① 活动过程中注意幼儿安全，不要将沙子揉入眼睛。

② 记住埋入硬币的数量且硬币不要埋太深。

科学小知识

我国地大物博，资源丰富，但在人口压力之下，这一优势变得越来越弱。如何解决能源危机、资源危机，勘查新的资源就显得尤为重要。

火山喷发

1.知道火山这种地质现象。

2.简单了解火山的喷发原因。

教师指导建议

建议在醋里加入红色的染料，增强视觉效果。

科学小知识

①火山是常见的地质现象。地壳之下100至150千米处，有一个"液态区"，区内存在着高温、高压下含气休挥发成分的熔融状硅酸盐物质，即岩浆。它一旦从地壳薄弱的地段冲出地表，就形成了火山。火山分为"活火山""死火山"和"休眠火山"。

②地壳下的岩浆受到地球内部巨大压力，当遇到地壳比较薄的地方就冲破地壳喷涌而出，就形成了火山喷发。

活动准备

材料准备

幼儿科研套装（烧瓶、大试管）、小苏打、醋、大盆子以及世界著名的死火山、活火山以及休眠火山的图片。

活动过程

1.演示实验引入火山

教师演示火山喷发的小实验，让幼儿观察。教师把装有小苏打的烧瓶放入大盆子中，再将大试管中的醋快速倒入烧瓶中就可以看到火山喷发的效果。让幼儿想象一下这看起来像什么，引入火山的概念，同时从实验现象引出喷发原因。

1.在锥形瓶中倒入小苏打，大试管中倒入醋并将其用颜料调色

2.将醋快速倒入锥形瓶中

3.火山喷发啦!

2.介绍什么是火山

教师科普火山的小知识，三大火山的分类以及对应的介绍，结合各类火山的图片进行讲解。

延伸活动

在家长的帮助下看看海底的火山：小瓶子里放入红色热水后用保鲜膜封口，大盆子里放入无色自来水，将封口的小瓶子正立放入大盆子中，要求水要没过瓶口10cm以上。在水中揭去保鲜膜，海底的火山就喷发了。

新能源

大班

活动目标

1.体验新能源的运用。

2.尝试去户外探索科学。

活动准备

1.材料准备
手摇发电机以及新能源套装。

2.搭建活动场景
5~6人一组，每组配备1~2个手摇发电机以及1套新能源套装。

活动过程

1.新能源的介绍
教师由传统能源引入到新能源，让幼儿说说都知道有哪些新能源，在幼儿讨论中介绍并引入新能源的概念。

2.能源利用原理的引入
教师按小组分发手摇发电机，引导幼儿发现在手摇发电的过程中，通过摇动手柄使得齿轮转动起来，让发电机工作，提供了能量才能够发电，由此引申到新能源的开发以及运作原理。

3.介绍新能源套装的使用
教师向幼儿介绍新能源套装的三种新能源并介绍其使用方法。

| 风能 | 太阳能 | 水能 |

4.户外体验新能源的运用
分发新能源套装，让幼儿在户外体验新能源发电，观察新能源发电及其带动用电器工作的全过程。

教师指导建议

① 活动建议在阳光较强、风力较大的时候进行。

② 水力发电建议由教师演示，以免幼儿玩水着凉。

科学小知识

① 已能大规模生产和广泛利用的一次能源是传统能源，如煤炭、石油、天然气等。新能源是在新技术基础上系统地开发利用的能源，如太阳能、风能、海洋能、地热能等，与常规能源相比，新能源生产规模较小，使用范围较窄，但常规能源的使用一是怕出现能源危机，二是对环境的危害大，会引起如温室效应、酸雨等问题的出现。

② 新能源套装是配备齐全的新能源发电实验设备，可以演示太阳能、风力和水力发电及其带动用电器工作的全过程。幼儿可亲自组装、亲身体验新能源无污染的优点和便利性。

现代科技

科技器材

无线数码语音系统

小班

活动目标

1.在游戏中感受现代科技的功用。

2.在休闲、户外运动锻炼中，愿意亲近伙伴。

活动准备

1.材料准备

无线数码语音系统。

2.搭建活动场景

幼儿每人一个耳机，遥控器由教师控制。

活动过程

1.在阳光下听听小故事

教师带领幼儿到室外，在草坪上坐下，给每个幼儿发放耳机，让幼儿将耳机戴上拉开，躺在草坪上静静倾听自己耳机中的故事。

2.小游戏"阳光抱抱你"

等幼儿将一个童话故事听完后，教师让幼儿慢慢站起，动动双手、动动双脚稍微活动一下。接着教师通过遥控器布置小游戏："小朋友们，我们来玩一玩'阳光抱抱你'的游戏吧。活动范围就在这片草地上，老师来指定谁是太阳，当'太阳'的小朋友要去追赶其他小朋友，追到后抱抱他，抱到就喊'阳光抱抱你'。"接下来老师就让幼儿进行"阳光抱抱你"的活动，让每个幼儿都当当太阳，抱抱身边的小伙伴。

延伸活动

教师通过遥控器给幼儿下指令，一起在阳光下做做操。

教师指导建议

① 建议活动不要在夏天或冬天进行，在太阳光强弱适宜时再进行活动。

② 户外运动注意幼儿游戏安全。

科学小知识

① 无线数码语音系统使用十分简单，使用附带的电脑软件，可以很方便地将电脑中的各种音频资源转化为MP3格式，传送到任一耳机。孩子们可通过耳机上的播放，暂停，上一曲、下一曲或音量控制功能操控耳机。

② 如果正在播放曲目时取下耳机，曲目便会暂停并于孩子们再次戴上耳机时继续播放。通过遥控装置，老师也能选择孩子们所聆听的内容，或实时传达语音指令。

荧光笔与紫外线

1.知道有些材料只有在紫外线的照射下才会显现出来。

2.让幼儿运动起来，参与到游戏中。

教师指导建议

①游戏中注意幼儿安全。

②拼图可以自制，选择幼儿的画作进行拼图制作。

科学小知识

荧光笔内含有荧光物质，荧光物质受到紫外线的照射会发光。

活动准备

1.材料准备

荧光笔、紫外线灯、魔幻彩蛋以及拼图。

2.搭建活动场景

分组，每组一份拼图，用荧光笔在每片拼图上做上标记，背面标上组号，每组再准备一些无效拼图并将拼图全都打乱放在教室各处。

活动过程

1.教师布置任务

教师介绍任务要求：

（1）在教室各处找到自己小组的拼图。

（2）找到拼图后到教师处进行验证，检验是否为有效的拼图。

（3）拼图找齐后进行拼图，完成任务。

2.幼儿进行拼图游戏

幼儿进行游戏，比一比哪组完成得最快。

手持数码显微镜

中班

活动目标

1.激发幼儿对身边物品的探究兴趣。

2.养成勤洗手的好习惯。

活动准备

1.材料准备
手持数码显微镜、彩色笔、画纸以及一些有待观察的物品。

2.搭建活动场景
分组，一个班2~3个组，每组配备手持数码显微镜。

活动过程

1.教师演示手持数码显微镜
"今天老师带来了一个很神奇的'蛋壳'，用它照一照就能看到很神奇的画面。"教师演示手持数码显微镜的用法。问问幼儿双手都洗干净了吗，照照看幼儿的双手，发现有些看起来很干净的，但是还是没洗干净，提醒幼儿养成勤洗手的好习惯。

2.幼儿自主探究
演示结束后，教师让幼儿分组进行手持数码显微镜的探究活动，照照看自己的皮肤、头发、衣服、鞋子或教室中的植物等，在过程中引导幼儿描述一下看到的现象。

延伸活动

画一画自己衣服的纹理。

教师指导建议

① 活动前也可以请幼儿把自己的小布偶或玩具带来，以备观察。

② 探究过程中引导幼儿有序探究，不要争抢。

科学小知识

① 手持数码显微镜有43倍的放大效果，镜头上的LED灯会照亮观察对象，将镜头对准目标，旋转"蛋体"上部可调节焦距，按下顶部拍摄按钮即可拍照。

② 可用于观察毛发、皮肤、衣服的材料、树皮等植物或标本。

机器小蜜蜂

利用机器人加强逻辑思维。

教师指导建议

① 鼓励教师自己创作地垫，每个小方格的规格为15厘米×15厘米。

② 每次重新编程提醒幼儿完成清零的步骤，小蜜蜂开始运作之后提醒幼儿不要推按小蜜蜂，不能以外力改变其运行轨迹。

③ 教导幼儿有序游戏。

科学小知识

① 机器小蜜蜂充满电约需3小时，可连续使用4小时，利用清楚且明亮的按钮设计实现幼儿自主编程，记忆步骤可达40步。

② 幼儿在利用机器小蜜蜂编程时能训练幼儿的逻辑思维，在编程验证甚至改错的过程中思考，且机器小蜜蜂的设计能很大程度上吸引幼儿的注意，在玩乐中学习思考。

活动准备

1.材料准备
机器小蜜蜂4个以及地垫（社区地垫、动物地垫各2块）。

2.搭建活动场景
全班分成4组，一组配备一个机器小蜜蜂以及一块地垫。

活动过程

1.教师介绍机器小蜜蜂的用法
教师拿出1个机器小蜜蜂以及一块地垫，演示小蜜蜂的基本操作方法（清零、前进、后退、转弯、启动、暂停）。

2.教师布置小任务
教师给每组分发小蜜蜂以及地垫，每组都布置一个小任务，请幼儿讨论完成编程，看看大家有没有掌握机器小蜜蜂的用法。

3.幼儿小组自主探究
基本确定幼儿已经掌握使用方法后，让幼儿自主探究。组里自己布置任务，幼儿先口头描述行进路程后开始编程，如果中途走错也不要紧，提醒幼儿利用暂停、清零再重新编程，或者走完再重新编程。

延伸活动

利用自制地垫来熟悉幼儿园的布局。

电子互动墙

中班

活动目标

1.认识一些常见的交通工具以及交通标志。

2.学习交通安全知识。

活动准备

1.材料准备

电子互动墙以及各种交通工具和交通标志的图片。

2.搭建活动场景

活动前将交通图片插入电子互动墙并配录相应的简单介绍（名称及用途）。

活动过程

1.说一说怎么来学校的

教师问幼儿知道自己是怎么来学校的吗？鼓励幼儿积极发言。再问问幼儿在路上能看到什么交通标志，请幼儿来描述一下。

2.认识交通工具以及交通标志

教师拿出电子互动墙，让每个幼儿都来说说看认不认识这些交通工具或者交通标志，认识的话对它们进行简单的描述，不认识就来猜猜看这些标志可能有什么用途？请幼儿自己来点一点播放键验证自己的描述或己的猜想。

3.巩固对交通工具以及交通标志的认识

教师将互动墙中的卡片抽出并打乱，随意点按互动墙的一个按钮，请幼儿根据互动墙的语音提示将正确的卡片插入相应的卡袋中。

教师指导建议

① 交通图片可以选用卡通的形象。

② 交通标志的图片建议将智能交通套装的图片附上，以便后续配套展开"智能交通套装"的活动。

科学小知识

无论是学生还是老师，互动墙的使用都十分简单，按下插袋的绿色键就可以把声音录到顶部的黑色盒子中。将盒子上的录音状态切换到播放状态，再次按下绿色键，回放录下的信息，录音时间不超过10秒。插袋中的内容可更换，反复录音。

现代科技 MODERN TECHNOLOGY

智能交通套装

1.户外活动，在游戏中学习交通安全。

2.识别交通信号灯以及交通指示牌的含义。

教师指导建议

活动建议在"电子互动墙"活动后进行。如两个活动间隔时间过长，建议在市活动开始前对"电子互动墙"活动进行简单的复习。

科学小知识

智能交通套装配备有一个模拟真实场景的自动控制、手动控制信号灯，附带6个常见交通标志牌。可供幼儿在室内及户外进行游戏（取决于天气）。

活动准备

1.材料准备

智能交通套装、交通工具的头套或图标。

2.搭建活动场景

在户外空地上进行，活动前先将交通标志摆好，利用线或者粉笔在空地上标记马路人行道等场景。

活动过程

1.布置游戏背景，分配角色

教师将幼儿带到布置好的游戏场景中，请幼儿猜猜看今天要进行什么游戏。随后分配角色，一些小朋友当交通工具，一些小朋友当行人，教师作为领队带领幼儿过马路。

2.进行交通安全小游戏

幼儿开始游戏，一开始由教师带领一起玩耍，之后作为行人的小朋友分组活动，再之后的路线由幼儿自己规划，教师可以在旁边稍作提醒或者加入到幼儿的队伍里一起玩耍，期间可以让幼儿交换角色。

集群电话

大班

活动目标

1.了解电话的用途。

2.知道一些紧急电话。

活动准备

1.材料准备

集群电话。

2.搭建活动场景

分组进行活动，6人一组，每组一套集群电话。

活动过程

1.教师演示集群电话的用法

教师演示集群电话的用法，再请两个幼儿拿同一套中的两个电话，在教师的帮助下体验电话的用途。

2.分角色

教师简单介绍每个紧急电话的用途，分角色分发集群电话。

3.幼儿进行角色扮演游戏

幼儿在游戏中体验紧急电话的用途并锻炼口头表达能力。

延伸活动

分组进行订外卖游戏。

教师指导建议

活动前可在手机面板的各个颜色按钮上贴上对应的人或机构的名称。

科学小知识

①在50~60米的范围内，孩子们可带着手机到任何地方，进行通话训练或角色扮演游戏。可利用10秒预录功能来排练对话，并透过录音播放功能来聆听所录下的信息。

②集群电话配备充电底座，通话完毕后可将电话插入充电底座内，以备下次使用（4小时充电时间，使用时谈话时间可超过5小时）。

③报警电话110；急救电话120；火警119；交通事故122；天气预报12121或96121；号码查询114。

现代科技 MODERN TECHNOLOGY 城市之光(光学积木)

1.体验光学积木的神奇，培养对科学探究的兴趣。

2.知道电流是有方向的。

教师指导建议

① 教师在幼儿搭建过程中给予适当指导，注意电路不能出现短路现象。

② 底座确认搭完后可以让开关处于闭合状态，让幼儿在搭上灯条后立马能体验到幼儿光学积木的神奇效果。

科学小知识

① 城市之光（幼儿光学积木）简单的搭建方法让幼儿易于上手，发光的配件设置增添了搭建的乐趣，让幼儿在自主搭建高楼的过程中体验神奇的电路搭建效果，得到满满的成就感。

② 每一排楼层或者每栋建筑之间的连接必须为并联连接才能使电路运作。

③ 灯条正反接都能发亮，但发光颜色不同；灯盘只有正接才能发亮。

活动准备

1.材料准备
城市之光（幼儿光学积木）。

2.搭建活动场景
活动前教师先搭建一个两栋建筑。2人一组，每组配备一套光学积木。

活动过程

1.观赏城市之光（幼儿光学积木）
教师将搭建好的两栋建筑给幼儿欣赏，请幼儿来描述一下，猜一猜为什么它能发光。

2.介绍光学积木的基本搭法
教师利用一块底板、电源、灯条以及几个连接件介绍幼儿光学积木的基本搭法，简单搭建一个发光电路。

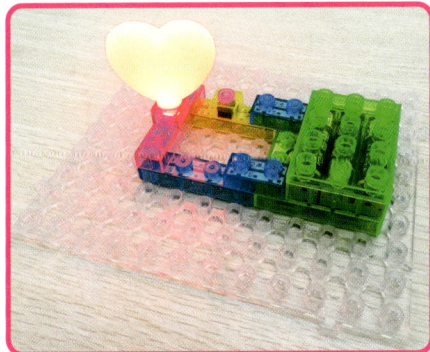

3.搭建光学积木
分组分发幼儿光学积木以及说明书，请幼儿尝试搭建单排楼层以及独栋建筑的城市之光。

延伸活动

根据幼儿搭建情况，请幼儿尝试搭建两栋建筑的城市之光。

空气质量监测仪

大班

活动目标

1.体验空气质量监测仪的使用。

2.知道PM2.5与空气质量的关系，培养环保意识。

✳ 活动准备

1.材料准备
电子互动墙、空气质量监测仪。

2.搭建活动场景
电子互动墙内插入天气情况图片(要有雾霾天气)。

⚛ 活动过程

1.什么是雾霾天气
教师拿出插有各种天气情况图片的互动墙，请幼儿说说在各种天气下大家应该注意什么，可以做些什么。最后结合雾霾天气图片重点介绍雾霾天气以及雾霾天的注意事项。

2.什么是PM2.5
教师由雾霾天气引出对于引起雾霾的"元凶"——PM2.5的简单介绍，只需让幼儿知道PM2.5是可吸入的细颗粒物，对人体有十分大的危害，虽只是地球大气成分中含量很少的组成部分，但却对空气质量以及能见度等有重要的影响。

3.测一测今天的空气质量
教师简单介绍空气质量监测仪的用法，带领幼儿利用空气质量监测仪来测一测今天的空气质量，可以将监测仪连接到移动电源上，先测一测室内的，再到户外测一测。

🧪 延伸活动

造成PM2.5值上升的原因有很多，如汽车尾气、工厂制造的二次污染、冬季取暖的排放废弃物，甚至是抽一根烟都会提升PM2.5的数值。教师可结合身边条件，用监测仪做相关实验，如让吸烟者在监测仪旁吹一口烟，观察监测仪的灯光颜色变化等，建议由教师录制实验过程，在课堂上播放给幼儿观看，增进幼儿对身边PM2.5污染源的了解，提高幼儿的环保意识。

教师指导建议

①活动可以在"地球科学——天气与季节——天气"活动后进行。

②监测仪非常灵敏，在监测时人不能在周围走动，否则会带动周围空气的流动，增加监测仪监测到的细颗粒物，大大提高PM2.5的数值，所以应引导幼儿在一定距离外观察。

科学小知识

①空气质量评价的主要污染物为细颗粒物、可吸入颗粒物、二氧化硫、二氧化氮、臭氧、一氧化碳等六项。

②细颗粒物又称细粒、细颗粒、PM2.5。细颗粒物指环境空气中空气动力学当量直径小于等于2.5微米的颗粒物。它能较长时间悬浮于空气中，其在空气中含量越高，就代表空气污染越严重。

③空气质量监测仪不仅有精确数值显示，还利用5色炫彩灯来显示空气质量的污染程度，方便幼儿观察。

现代科技

科技器材的跨学科应用

百家姓

中班

活动目标

1.知道自己的姓氏。

2.简单了解百家姓。

🔬 活动准备

1.材料准备
电子互动墙。

2.搭建活动场景
活动前将幼儿的姓氏配上图片录入到电子互动墙中，再挑选一些常见姓氏放入。

⚛ 活动过程

1.什么是姓氏
教师请幼儿说说看自己的姓氏，知道自己为什么姓这个姓氏吗？（因为爸爸或妈妈姓这个姓氏，幼儿传承父母的姓氏）

3.《百家姓》
"我们国家有许许多多的姓氏，我们这里只包含了极少数的部分，有篇文章叫做《百家姓》，里面就包含了我国的几百种姓氏，小朋友们看看还认识哪些姓氏？"教师拿出互动墙，带领幼儿认识更多的姓氏，"互动墙上也有一些，大家都来认一认。"

2.找一找、认一认自己的姓氏
教师拿出电子互动墙，询问幼儿是否知道自己的姓氏怎么写，认识自己的姓氏吗？请每个幼儿找到自己的姓氏去点击播放键，看看自己找的是否正确。

🧪 延伸活动

请相同姓氏的幼儿站在一起，数一数有几个小朋友和自己的姓氏一样，班级里姓氏最多的是哪个姓，总共又有几个小朋友姓这个呢？

教师指导建议

姓氏认知中可挑选一些复姓。

科学小知识

姓氏是标示一个人的家族血缘关系的标志和符号。

我的姓名

1.知道自己名字的由来。

2.认识班级里的小伙伴。

教师指导建议

建议活动在"百家姓"活动后开展。

科学小知识

名字是由姓与名组合在一起的,用来代表一个人,以区别于他人。

活动准备

1.材料准备
电子互动墙。

2.搭建活动场景
活动前请幼儿回家问家长自己名字的由来。

活动过程

1. 简单复习"百家姓"
教师拿出电子墙,播放幼儿的姓氏,请幼儿再次指认自己的姓氏。(幼儿边点边说:"这是我的姓氏""我就姓这个")

2.介绍名字
"我们都有自己的姓名,我们已经知道自己的姓氏了,那么名字呢,你为什么叫这个?比如老师叫做XXX,其中就有姓和名的组成,老师为什么叫这个呢,是因为……"教师先介绍自己的名字由来,随后请幼儿来介绍一下自己的名字,为什么叫这个。

3.讲述名字的由来
幼儿在班级中大胆讲述自己名字的由来。

延伸活动

回家后与家长一起制作自己的特色小名片,第二天和小伙伴交换自己的名片。

十二生肖

中班

活动目标

1.知道自己的属相。

2.了解十二生肖。

🔬 活动准备

1.材料准备

录音电子书。

2.搭建活动场景

活动前教师利用录音电子书将十二生肖的故事录入到书内，方便幼儿了解十二生肖的故事。准备十二生肖的贴纸或头饰。（班级有几人就准备几个，可以有重复）

⚛ 活动过程

1. 自己的属相

教师先向幼儿介绍自己的属相，而后询问幼儿是否知道自己的属相，以此为切入口开展活动。

2.十二生肖的故事

知道还有哪些属相吗？教师和幼儿一起列出十二生肖，随后问问幼儿知不知道十二生肖的排序，分发录音电子书让幼儿欣赏十二生肖的故事。

3.大家都来演一演

教师布置任务："现在大家都知道十二生肖的故事了，我现在请小朋友们来演一个十二生肖的话剧，让老师也知道十二生肖的排序是怎么来的。"教师分配角色，让幼儿来表演。

⚗ 延伸活动

家里人的属相都是哪些？他们知道十二生肖的故事吗？幼儿回家后问问家长，也给家长讲一讲十二生肖的故事。

各种职业

1. 认识各种职业。

2. 锻炼幼儿的表达能力。

教师指导建议

活动建议在"机器小蜜蜂"活动完成后，幼儿已了解机器小蜜蜂的用法之后再进行。

科学小知识

机器小蜜蜂配备职业地垫可以让幼儿认识社会上各种职业及其特点，从而提升幼儿的社会认知能力。

活动准备

1.材料准备
机器小蜜蜂、职业地垫以及迷你金属探测仪。

2.搭建活动场景
建议4人一组，每组一个机器小蜜蜂，一张职业地垫。

活动过程

1.身边的职业
"小朋友们知道什么是职业吗？想一想身边的职业有哪些？"教师鼓励幼儿积极发言，引导幼儿说说看父母的职业。

2.各式各样的职业
教师拿出职业地垫，带领幼儿来认识各种职业："我的职业是教师，在地垫第一排的第四个，小朋友们你们知道父母的职业在哪里吗？"请幼儿找找看父母的职业，随后教师带领幼儿认识地垫中剩下的职业，请知道的幼儿描述一下这个职业的衣着特点或者工作内容。

3.我想当……
教师分组分发小蜜蜂以及地垫，请小组内一名幼儿描述自己想做的职业。要求不能够说出职业的名称，可以用动作或者语言来描述，描述一下衣服，做一个这个职业经常做的动作。让剩下的幼儿来猜一猜，将小蜜蜂编程运行到对应的职业方块中，路线由幼儿自己设计，最后看看大家猜的对不对。

延伸活动

利用金属探测仪来做一个小小安检员，体验安检员职业特点。

我国的名胜与特产

大班

1.了解我国各地区的名胜以及特产。

2.认识到中国的地大物博，为祖国感到骄傲。

活动准备

1.材料准备

语音小方块、录音电子书。

2.搭建活动场景

建议4～5个幼儿一组，每组配备一本录音电子书。

活动前准备几个代表性名胜的图片放入语音小方块，并配上录音。（如：这里是上海，这个建筑名字叫东方明珠电视塔）

活动前教师将准备好的地区名胜特产的图页放入电子书插袋并配上简单录音。（每省一面图页，直辖市一面图页，自治区一面图页以及特别行政区一面图页来进行介绍，共30面；也可由教师根据想要幼儿了解的地区重点进行安排）

活动过程

1.大家认识这些名胜吗？

教师将小方块拿出一一放在桌上，请幼儿们说说看有人认识这些名胜吗？这些名胜又坐落在哪里呢？大家去过这些地方吗？幼儿们表达完后开启小方块，拍一拍验证一下。

2.认识部分名胜以及特产

"小朋友们知道的真多啊。我们的祖国地大物博，一共有23个省、4个直辖市、5个自治区以及2个特别行政区，刚才那几个名胜只是其中很小的一部分，我们现在来认识更多的名胜以及当地的一些特产。"教师拿出一本录音电子书向幼儿简单介绍几个地区及其名胜特产。（也可选择所在城市做一个详细介绍）

3.欣赏各地的名胜以及特产

教师分组发放录音电子书，让幼儿在欣赏各地的名胜以及特产的同时感受祖国的地大物博。

延伸活动

1.询问幼儿们去过哪些地方旅游，那里有哪些名胜以及特产，愿意分享的小朋友第二天可带来照片或用自己画的图画来向小伙伴们分享一下。

2.周末请家长带幼儿在自己居住的城市来个一日游，请幼儿们分享自己的所见所感。

我国的民族

1.了解我国的民族及其文化和特色。

2.认识到中国的民族多样性。

教师指导建议

① 本活动建议在"我国的名胜与特产"活动完成后进行。

② 每张图页建议配上民族名称及其拼音,民族特色重点可介绍一些特色的服饰或者节日等。

③ 本活动以欣赏认识为主,让幼儿初步了解祖国的民族多样性。

科学小知识

中国自古以来就是一个统一的多民族国家。新中国成立后,通过识别并经中央政府确认的民族共有56个,汉族人数相比其他民族人数要多很多,是我国的第一大族群,其他55个民族被称为少数民族。

活动准备

1.材料准备

录音电子书。

2.搭建活动场景

建议4～5个幼儿一组,每组配备一本录音电子书。

活动前教师将准备好的各民族文化及特色的图页放入插袋并配上简单录音。(每一面介绍两个民族;或者由教师自行安排,侧重于介绍几个人数多的民族或富有特色的民族,剩下的民族可以汇总简单介绍)

活动过程

1.由各地名胜与特产引入对各民族的介绍

"之前我们已经认识了我们国家许多地方的名胜以及特产,大家有没有觉得好多名胜看上去非常不同呢?"教师引入对民族的介绍,"这是因为我们国家是一个多民族的国家,各个民族又有自己的特色与文化。"然后问问幼儿知道自己是什么民族的吗。

2.介绍56个民族

教师拿出一本录音电子书,利用图页来简单介绍56个民族(民族及人数多还是少),期间请幼儿来说说看知道他们的一些特色吗。

3.欣赏各民族的特色与文化

教师分组分发录音电子书,请幼儿在组内利用录音电子书欣赏并讨论各民族的特色与文化,教师在此过程中可以引导幼儿描述一下各民族的特色服饰以及对其特色文化的感想。

延伸活动

1.说说看最喜欢哪个民族的文化或特色,为什么?

2.有些小朋友跟家长去过我国的一些地区,近距离感受过不同民族的文化特色,愿意分享的小朋友可以带来照片或用自己画的图画来与小伙伴们分享一下。

数和数量关系

数学

小班

认识数字1～10

中班

5以内数字的分解
5以内数字的合成
数字的守恒
认识数字1～20

大班

认识数字1～50
单数和双数
10以内的加法
10以内的减法

小班

数学 MATHS

认识数字1～10

1.认识数字1～10。

2.能够正确点数1～10。

教师指导建议

也可以把小乌龟放入装有水的水槽或盆里进行活动，增加学习中的娱乐性。

科学小知识

0像鸡蛋做蛋糕，1像树枝细又长，2像小鸭水上漂，3像一只小耳朵，4像小旗随风飘，5像衣钩墙上挂，6像豆芽开心笑，7像镰刀割小麦，8像两个小圈圈，9像蝌蚪小尾巴。

⚛ 活动准备

1.材料准备

智能玩水套装。

2.搭建活动场景

活动前每个海龟根据编号将录音录入进去，如："我是1，像树枝的1。"全班可分为2～3组进行游戏，每组配备智能玩水套装。

⚛ 活动过程

1.认识小海龟(1～10)

"今天班级来了10个小伙伴，我们来听一听他们的自我介绍。"随后教师请幼儿播放小海龟的录音，带领幼儿认完一个数字后再进行下一个数字小海龟的介绍。

2.数一数小海龟

"大家发现小海龟的名字是有顺序的，跟老师一起来按照顺序点数一下小乌龟的个数。"随后引导幼儿手口一致点数数字1～10。

3.帮助寻找小海龟

教师根据幼儿人数分组，分发智能玩水套装，每组抽去一个小海龟（建议抽大数）。"10只小海龟里有一只因太调皮掉队了，大家通过点数来看看你们组掉队的是哪一只，大家来帮忙寻找小海龟。"

⚗ 延伸活动

学唱《数字歌》。

5以内数字的分解

中班

活动目标

掌握5以内数字的分解。

活动准备

1.材料准备

桌面测量中心（连接方块）。

2.搭建活动场景

每人5个连接小方块。

活动过程

1.2和3的分解

教师给每位幼儿分发2个连在一起的连接方块，幼儿说说看自己手中有几个方块。教师请幼儿将两块连接方块分开，分开的两部分各有几块，发现2可以分解成1和1。 教师再给每个幼儿分发一个连接方块，请幼儿先将3个方块合并在一起，将它们分成两个部分，发现3可以分成1和2。

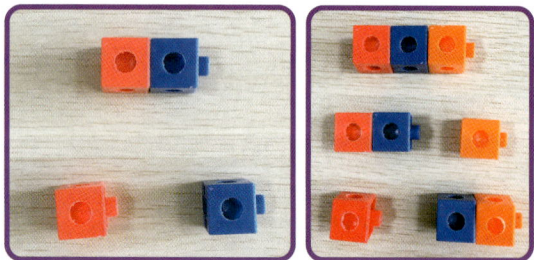

2.4和5的分解

幼儿每人4块连接方块再分分看，有的幼儿会分成1个和3个，有的幼儿分成了各2个，引导幼儿发现4可以分成1和3或者2和2。并以此推导到5的分解。

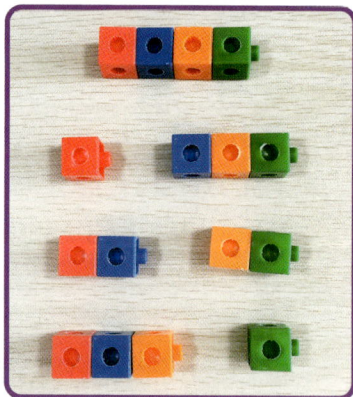

3.总结5以内数字的分解

教师带领幼儿总结并回顾5以内数字的分解。

教师指导建议

不用提减法的概念，让幼儿学会数字的分解即可。

科学小知识

$2 = 1 + 1$；$3 = 1 + 2$；
$4 = 1 + 3 = 2 + 2$；
$5 = 1 + 4 = 2 + 3$。

5以内数字的合成

掌握5以内数字的合成。

教师指导建议

①建议先进行"5以内数字的分解"活动。
②不用提加法的概念，让幼儿学会数字的合成即可。

科学小知识

$1+1=2$；$1+2=3$；
$1+3=2+2=4$；
$1+4=2+3=5$。

活动准备

1.材料准备
桌面测量中心（连接方块）。

2.搭建活动场景
每人5个连接方块。

活动过程

1.复习"5以内数字的分解"活动
教师带领幼儿简单复习"5以内数字的分解"。

2.数字的合成
"我们已经知道了数字是可以分解的，大家有没有想过数字其实也是可以合成的？"

教师分发连接小方块，"小朋友们用你们的连接小方块来搭个2看看，这个2是由哪两个数合成的？"引导幼儿发现1和1可以合成2，随后再引导幼儿发现1和2可以合成3。

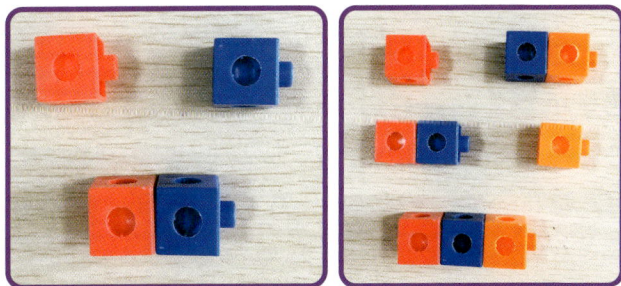

3.4、5的合成
教师让幼儿利用连接方块再拼拼看数字4的合成，发现有两种拼法——$1+3=4$或者$2+2=4$，随后再延伸到5的合成。

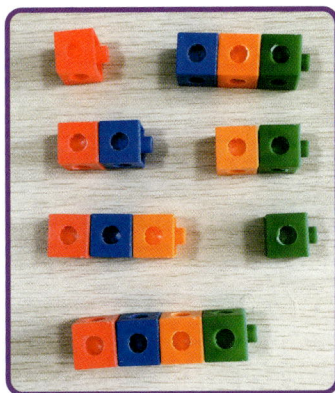

4.总结与回顾
教师带领幼儿总结与回顾5以内的数字合成，巩固对数字合成的认识。

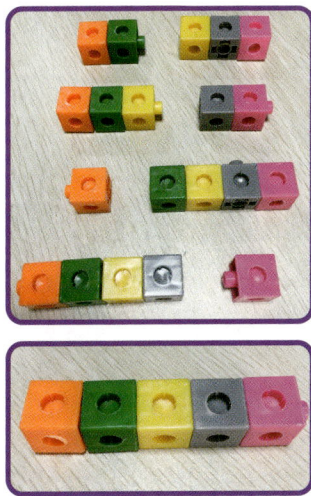

数字的守恒

活动目标

了解数字的守恒。

带领幼儿一起点数，巩固认识10以内的数以及点数的能力。

活动准备

1.材料准备
综合磁铁套装。

2.搭建活动场景
4～5人一组，每组一个条形磁铁，10个小物件（彩色磁环/小磁球/透明金属片）。

一定数目的物体无论怎么放置，总量不变。

活动过程

1.点数物件

教师在每组幼儿桌上将10个小物件排成一排：
"老师给每个组小朋友

都发了几个小东西，小朋友们一起数一数，看看老师发了几个给你们。"请幼儿点数桌上的小物件，如果有小组数错，教师带领幼儿一起再点数一次。

2.改变小物件的排列形状

教师请幼儿将桌上的小物件排成两排，再问问幼儿桌上还有几个小物件，然后一起点数看看，发现变成了两排数量是不变的。再将它们排成一圈或排成三排呢？数量还是不变。

3.集在一起也不会改变数量

教师给每组幼儿分发一个条形磁铁，把小物件都吸起来，再问问幼儿小物件的数量改变了吗？大家再来点数看看，发现原来不管小物件怎么放置，它们的总量是不会变的。

延伸活动

请10个幼儿上来，让他们改变队形，同学们数一数，发现无论怎么改变队形，数量是不会改变的。

认识数字1～20

中班

1.认识数字1～20。

2.能够正确点数1～20。

教师指导建议

①建议活动前先进行"机器小蜜蜂"活动。

②地垫也可由教师自己设计。

③游戏过程中引导幼儿有序进行。

科学小知识

机器小蜜蜂配有8种不同主题的地垫，认识数字可用数字地垫进行活动。

🔬 活 动 准 备

1.材料准备

机器小蜜蜂以及数字地垫。

2.搭建活动场景

4～5个幼儿一组，每组配备一个数字地垫以及一个机器小蜜蜂。

⚛ 活 动 过 程

1.简单复习"认识数字1～10"活动

"小朋友们，我们已经学习了1～10，我们现在一起来慢慢数一数这10个数好吗？"教师带领幼儿点数1～10。

2.认识20以内的数

教师拿出一块数字地垫，带领幼儿认识11～20，一起指指、认认、说说。

3.机器小蜜蜂找数字

教师按小组分发机器小蜜蜂，请幼儿们玩一玩"机器小蜜蜂找数字的游戏"，由小组同伴说出一个数，一名幼儿来操作，大家跟着小蜜蜂一起验证幼儿的编程是否正确。

⚗ 延 伸 活 动

利用小蜜蜂进一步熟悉1～20数字的顺序，下命令，如"请将小蜜蜂移动到12后面那个数字"等，请幼儿来操作。

认识数字1～50

大班

1.认识数字1～50。

2.能够正确点数1～50。

活动准备

1.材料准备

电子互动墙。

2.搭建活动场景

活动前先将21～50的数字卡片放入插袋中并录上它们的读法。

活动过程

1.点数1～20

教师带领幼儿点数1～20，数数看幼儿人数，点点看椅子个数。（数到20停下）

2.认识21～30

教师拿出电子互动墙，介绍21～30的数字及其读法。请幼儿接着刚才点数到20的同学或椅子继续点数下去，数一数我们一个班里有多少个同学。

3.31～50

教师请幼儿依刚才的规律类推，只看31～50的数字让幼儿读音，并点击电子互动墙的播放键来验证幼儿的读音。

4.数字小火车

教师带领幼儿慢慢从1数到50，请幼儿按这个顺序，一个小朋友说一个数字，看看小火车50开到哪里。

延伸活动

教师可自制1～50的数字地垫，请幼儿们再玩一玩"机器小蜜蜂找数字"的小游戏。

教师指导建议

数字小火车也可以不从"1"开始数，从中间任意一个数开始也可以。

科学小知识

电子互动墙有30个插袋。

单数和双数

认识单数和双数。

活动准备

1.材料准备

电子互动墙以及桌面测量中心（连接方块）。

2.搭建活动场景

活动前将插有数字21～50的电子互动墙录上对应语音，譬如对21录入"21，我是单数"。3～4人一组，每组20个连接方块。

活动过程

1.点数连接方块

教师请幼儿点数小组内的连接方块，从中拿出15个。

2.两两拼接

"请小朋友们帮我把拿出来的连接方块两个两个连接在一起。我们来给它们也分一分组。"教师由此引导幼儿发现，15个连接方块两两连接有一个是没有"小伙伴"的。再请小朋友点数并连接其他个数的小方块（1～20个）试一试，一起做个记录。

3.总结单双数的规律

根据记录表请幼儿总结一下规律，像1、3、5、7这样两个两个放在一起，总会剩下一个的数叫做单数；2、4、6、8这样都能凑成两个两个的数就叫做双数。并且单数挨着双数，双数挨着单数。

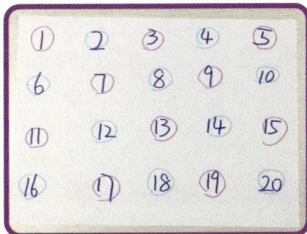

4.说一说21～50中的单双数

教师拿出配好音的电子墙，请小朋友说一说看这些数字哪个是单数，哪个是双数，点击播放键验证一下，加深对单双数的认识。

延伸活动

单数双数抱一抱：教师报出单数或双数，如是双数，由幼儿两两自由组合抱在一起；如是单数，幼儿就抱抱自己。

10 以 内 的 加 法

大班

学会10以内的加法运算。

活 动 准 备

1.材料准备
机器小蜜蜂、数字地垫、骰子、桌面测量中心（连接方块）以及算符卡片。

2.搭建活动场景
活动前制作好 "+" 和 "=" 的符号卡片，幼儿每人10个连接方块。

活 动 过 程

1.简单复习 "5以内数字的合成"，并引入运算算符
教师带领幼儿简单复习 "5以内数字的合成"，请幼儿利用连接小方块在桌面排好能合成5的一个组合，随后教师引入 "+" 以及 "=" 的运算算符，并发算符卡片请幼儿将组合连接好。（每个幼儿共有10个连接方块，5个做组合，另5个为运算结果）

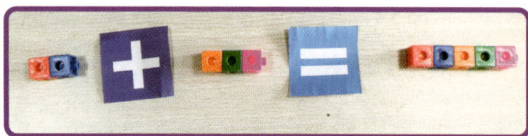

2.10以内的加法
教师请幼儿再利用手中10个连接方块以及算符卡片完成活动，两两一组，尝试组合10以内的加法运算。

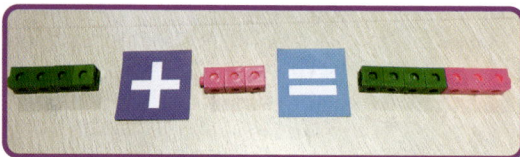

3.总结运算规律
教师带领幼儿一起总结运算规律。

延 伸 活 动

用机器小蜜蜂来加强对10以内加法运算的掌握。5 ～ 6人一组，投骰子决定两个数字，幼儿进行加法运算后用机器小蜜蜂来验算结果的正确性——先将小蜜蜂运行到第一个数字对应的格子，第二个数字表示前进的步数，验证是否与幼儿运算后的数字相同。

教师指导建议

初学阶段幼儿可扳手指点数。

科学小知识

在数字地垫上可以利用机器小蜜蜂来识数及进行简单的数学运算，是幼儿进行数学学习的最佳伙伴。

10 以 内 的 减 法

学会10以内的减法运算。

教师指导建议

① 初学阶段幼儿可扳手指点数。

② 减法较加法略难，多花时间让幼儿理解减法的运算，延伸活动也可另开一个完整的活动让幼儿加强对减法运算的理解，同时也可提高幼儿的运算能力。

科学小知识

在数字地垫上可以利用机器小蜜蜂来识数及进行简单的数学运算，是幼儿进行数学学习的最佳伙伴。

活动准备

1.材料准备

机器小蜜蜂、数字地垫、色子、桌面测量中心（连接方块）以及算符卡片。

2.搭建活动场景

活动前制作好"–"和"="的符号卡片，幼儿每人10个连接方块。

活动过程

1.简单复习"5以内数字的分解"，并引入运算算符

教师带领幼儿简单复习"5以内数字的分解"，请幼儿拿出桌面上5个连接方块拼在一起，将它们再分成两部分，随后教师引入"—"以及"="的运算算符，并发算符卡片请幼儿将组合连接好。

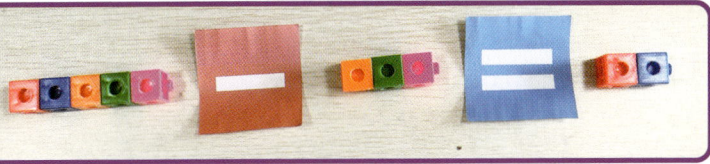

2.10以内的减法

幼儿两两一组，10个连接方块做组合，另10个为运算结果。用算符卡片尝试组合10以内的减法运算。

3.总结运算规律

教师带领幼儿一起总结运算规律。

延伸活动

用机器小蜜蜂来加强对10以内减法运算的掌握。5～6人一组，投色子决定两个数字，以大数减小数，幼儿进行减法运算后用机器小蜜蜂来验证结果的正确性，——先将小蜜蜂运行到大数对应的格子，往后倒退小数相对应的格数，验证是否与幼儿运算后的数字相同。

量

数学

盒子里的秘密

在游戏中学会分类、比较、排除以及推测。

教师指导建议

① 多鼓励幼儿表达自己的推测过程。

② 场景1中盒子的分类也可选择放入不同的动物小模型等增加游戏乐趣。

③ 场景2中的盒子建议每组可以放置不同物体来推测,但是对比要明显,如有明显的重量差别或形状差别。

活动准备

1.材料准备
趣味发声盒、石块、透明胶、小剪刀、长尺、塑料小球以及海绵。

2.搭建活动场景
场景1:在两个趣味发声盒内分别装入石块,配上录音"我不是空盒子"。之后用透明胶带将趣味发声盒封住。另准备两个发声盒配上录音"我是空盒子"。同样用透明胶带封住。

场景2:在一个趣味发声盒内放入一个塑料小球,配上录音"小朋友们猜对了吗?我是塑料小球"。用透明胶带封住。
6～8人一组进行游戏。

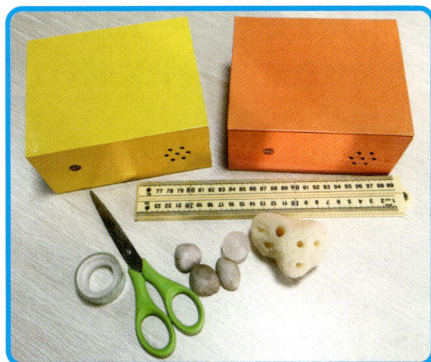

活动过程

1.盒子里有没有东西
教师将幼儿进行分组,分发活动1中的装备,并布置任务:"小朋友们,我们现在有些盒子暂时不能打开,大家先来分一分类,把空盒子放在左边,装有东西的盒子放在右边。"请幼儿在小组内研究讨论过后将盒子分类放好,教师一一询问每组的分类依据,之后去掉封条,看看大家是不是分对了。

2.盒子里是什么
教师每组分发一个场景2中的趣味发声盒,在教师面前放着几种不同的东西(石块、长尺、塑料小球,摊平的海绵以及揉成小团的海绵),随后发布小任务:"老师这里又有几个盒子,还是暂时不能打开,不过这次里面都有东西,我希望大家来帮我推测一下你们组拿到的盒子里是什么,老师前面这些小东西都有可能在你们盒子中,大家一起来推测一下吧。"随后教师引导幼儿积极说出自己的推测,如:"长尺根本放不进去,不可能是它。""这个那么轻,怎么可能是石块啊。"等等。最后等每个小组统一自己的推测后,打开趣味发声盒来验证推测结果。

延伸活动

教师可利用趣味发声盒设计颜色分类或形状分类的小游戏,巩固幼儿的归纳能力。

长度的测量

中班

1.学习自然测量。

2.认识一些简单的长度测量工具。

活动准备

1.材料准备
手持软卷尺、滚轮式测量尺以及桌面测量中心（折叠尺、皮尺以及软直尺、连接方块）。

2.搭建活动场景
每个幼儿10个连接方块。

活动过程

1.手臂有多长
教师由幼儿小手臂有多长这个问题引入长度的测量，请幼儿说说怎么才能知道自己的小手臂到底有多长。

2.小手臂有几个连接小方块那么长
教师分发连接小方块，请幼儿用连接小方块测一测小手臂的长度，看一看自己的小手臂有几个连接小方块那么长。

3.介绍各种测量工具
"我们已经会用小方块来测量手臂的长度啦，一个小方块就是一个单位。"教师引入测量工具的介绍，"平时我们还有很多用来测量的小工具，这些小工具一个单位就叫做1厘米，标在尺上作为刻度。"随后教师拿出各种测量工具，将尺发给幼儿让其仔细观察刻度的标示。

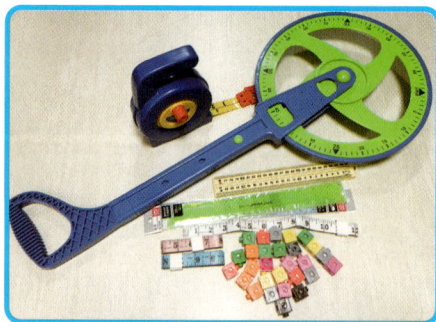

延伸活动

大家常说饭后散步100米，100米到底有多远？用滚轮式测量尺滚一滚、测一测。

教师指导建议

可根据幼儿学习程度改成精确测量，学会使用直尺。

科学小知识

①手持软卷尺的测量范围在1~100厘米。

②滚轮式测量尺的测量盘每滚动1米可以听到"嘎达"一声，并装有机械计数器，结果就在计数器上读取。测量手柄的高度可以调节，以适合不同身高的幼儿使用。

数学 MATHS

有趣的滴漏

1. 发现滴漏速度与漏孔大小、形状、承装物体的量以及材质有关。

2. 对计时有初步的认识。

3. 体验滴漏计时的方法。

教师指导建议

① 建议以小组形式进行观察，让每个幼儿都近距离体验滴漏的用法。

② 具体的计时概念不需要幼儿理解，只要对计时有个初步的认识即可。

③ 建议教师在活动前先测一测每个滴漏的用时，并选择两个用时为两倍关系的滴漏让幼儿体验滴漏的计时功能。

科学小知识

色彩沙漏可作为游戏计时工具，色彩分离完毕用时5分钟左右。

活动准备

1.材料准备
钟（表）、色彩沙漏以及其他各式沙漏、水漏或是油漏若干。

2.搭建活动场景
可全班一起观察，也可6人一组体验各式沙漏。

活动过程

1.了解钟表的计时功能
教师拿出钟表，问一问幼儿这是什么，知道它的作用是什么吗？会有幼儿回答是用来看时间的，由此引入计时的功能。

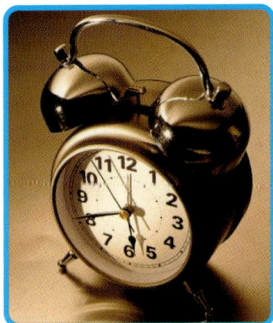

2.观察各式滴漏
教师请幼儿观察各式滴漏，引导幼儿发现滴漏的速度与漏孔大小、形状、承装物的量以及材质有关。

3.体验滴漏的计时功能
教师由滴漏速度的关系引申到滴漏的计时功能："大家都发现了有很多因素会改变滴漏的速度，由此，聪明的古代人民利用这些认识将它们制成了简易的计时工具。"随后在教师的带领下测一测一个滴漏的准确用时，并用这个滴漏粗略测量另一个滴漏的用时，体验滴漏的计时功能。

先测量用时少的滴漏，看看这个滴漏用时多少，再用这个用时少的滴漏去测量用时更多的，建议选择两个用时为整数倍关系的滴漏来进行活动。

延伸活动

利用色彩沙漏来计时，10人一组，看看哪组小朋友在色彩分离完前，完成数字接龙次数最多。（如幼儿认数水平达到50，则完成一组1～50记一次，下个小朋友继续从1开始）

液体体积的守恒

大班

了解液体体积的守恒。

活动准备

1.材料准备

桌面计量中心（10ml、25ml、50ml量筒和2个500ml量杯）、守恒量具以及水。

2.搭建活动场景

守恒实验由教师演示，4～5个幼儿一个量筒，观察读数。

活动过程

1.水的多少

"小朋友们知道怎么测量水的多少吗？我们今天来认识一下测量水的工具。"
教师引入水量的测量，带领幼儿用量筒测量一下倒入的水的多少。

2.哪杯水多

教师用两个500ml的量杯都倒入500ml水，请幼儿确定两杯水是一样多的。将两个量杯的水分别倒入圆柱体和长方体的守恒量具中（不同形状即可），问幼儿哪杯水多，请幼儿发表自己的看法及思路，教师带领幼儿通过读数来验证原来500ml的水在不同形状的容器中它的量是不会变的。

教师将水倒入形状一样但是底面积不同的守恒量具中再问问幼儿哪杯水多，同样由教师带领幼儿验证原来的水在相同形状但粗细不同的容器中它的总量也是不会改变的。

3.总结体积的守恒

请幼儿先说说对于体积守恒的理解，一起总结体积的守恒，液体的体积不因盛放它的容器的改变而变化。

延伸活动

雨量的测量，用量筒测量一定时间段内雨水在量筒内的高度，单位为毫米。

数学
MATHS

温度的测量

1.建立温度的概念。

2.学会测量温度。

教师指导建议

提醒幼儿手放到安全温度计的黑色面板上，测出的就是自己手的温度，如果要测量周围的温度，双手就不能握着安全温度计。

科学小知识

幼儿安全温度计不含玻璃、酒精、水银等危险品，用幼儿最喜爱的方式——色彩来准确显示温度，测量范围8~38℃。

活动准备

1.材料准备

幼儿安全温度计、手持气象站（指针式温度计、玻璃管温度计）以及一小段天气预报。

2.搭建活动场景

确保至少每2个幼儿有一个幼儿安全温度计。

活动过程

1.播放天气预报，引入温度的概念

教师播放天气预报，播放结束后问问幼儿刚才播报的几到几度是什么，让幼儿积极发表自己的观点，最后引入表征物体冷热程度的温度的概念，然后拓展到体温等。

2.温度的测量方法

教师拿出三种温度计向幼儿介绍温度的测量方法，介绍不同温度计并教幼儿读数，提醒幼儿玻璃管温度计的危险性。

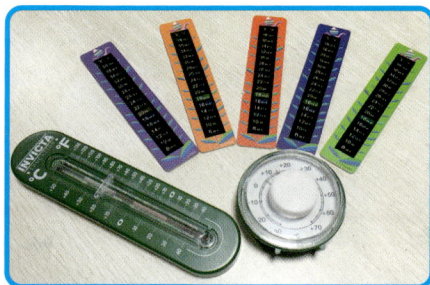

3.幼儿测量温度

教师分发幼儿安全温度计，请幼儿看看今天教室里的温度是多少，将手贴在感温板上，看看自己手心的温度是多少，让幼儿体验温度的测量。

延伸活动

制作一周温度记录表。

质量的测量

大班

1.建立质量的概念。

2.学会用天平测量小物体的质量。

活动准备

1.材料准备

等臂天平、标准砝码（1g）以及轻小物件（画笔、勺子等）。

2.搭建活动场景

分组进行活动，每组3~4人，配备等臂天平一台、标准砝码10个，以及画笔、勺子等轻小物件各一个。

活动过程

1.简单复习"比一比轻重"活动

"我们之前已经知道可以利用等臂天平来比较物体轻重，大家还记得出现过等重的情况吗？"教师从"比一比轻重"这个活动引入等臂天平的应用，"今天我们就要利用等重来测量物体的质量。"

2.介绍砝码

教师介绍砝码："为了测质量，老师带来了一些小东西，它们就叫做标准砝码，这里一个就代表1g。"同时简单引入质量的计量单位——克。

3.天平测重

教师分发等臂天平以及标准砝码，先带领幼儿测量一个小物件，后让幼儿自主探究测一测桌上摆放的小物件，用自己的记录方法分别记录下来，提醒幼儿有序测量。

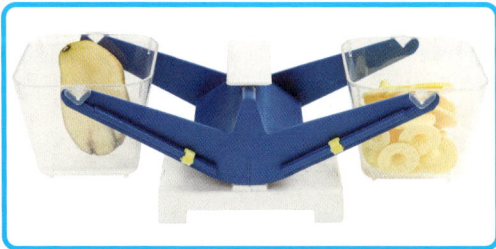

延伸活动

测一测一本书的质量。（此时要用到10g或5g的标准砝码，需要幼儿有良好的运算能力）

教师指导建议

① 建议先进行"比一比轻重"活动。

② 测量轻小物件，使用1g的砝码可以让幼儿通过点数来读数。

③ 质量与重力的区分不要求幼儿掌握，可不用提及。

科学小知识

天平依据杠杆原理制成，在杠杆的两端各有一个小托盘，两端分别放上标准砝码以及待测物体，当两边平衡时，标准砝码的质量就等于待测物体的质量。

数学

形状

小班

圆形、三角形和正方形

中班

梯形、长方形

大班

球体、正方体和圆柱体

圆形、三角形和正方形

小班

认识基础的二维图形。

教师指导建议

引导幼儿总结各种图形的特点。

科学小知识

综合构建套装可以拼搭出三角形、正方形、菱形等各种图形，极其适合幼儿认识图形，了解图形之间的关系以及进行图形练习；还可以拼出1~10的数字和26个大小写字母，幼儿阶段便可熟悉数字和字母的结构，是幼儿进行前书写练习的绝佳资源。

活动准备

材料准备

综合构建套装、守恒量具以及大小不一的三种图形的纸片。

活动过程

1.什么是图形

教师请幼儿指指、说说教室里的一些物品或图画是什么形状的，引入图形的概念。

2.圆形

教师拿出综合构建套装，拼搭出圆形，引导幼儿说出圆形的特点（圆圆的没有角）。请幼儿说说生活中有哪些东西是圆形的。

3.三角形

教师拿出综合构建套装，拼搭出三角形，引导幼儿说出三角形的特点（它有三条边以及三个角）。然后，请幼儿说说生活中有哪些东西是三角形的。

4.正方形

教师拿出综合构建套装，拼搭出正方形，引导幼儿说出正方形的特点（它有四条边以及四个角，四条边还一样长）。然后，请幼儿说说看生活中有哪些东西是正方形的。

延伸活动

5~6人一组，每组配备守恒量具以及大小不一的三种图形的纸片，请幼儿将对应的纸片放入相同形状(指的是量具瓶口的形状)的守恒量具中，比一比哪个组放得最准确。

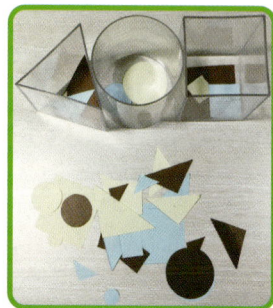

梯形、长方形

进一步认识一些简单的二维图形。

教师指导建议

引导幼儿总结各种图形的特点。

科学小知识

综合构建套装可以拼搭出三角形、正方形、菱形等各种图形,极其适合幼儿认识图形,了解图形之间的关系以及进行图形练习;还可以拼出1 ~ 10的数字和26个大小写字母,幼儿阶段便可熟悉数字和字母的结构,是幼儿进行前书写练习的绝佳资源。

活动准备

1.材料准备

综合建构套装(条形半透明彩片)。

2.搭建活动场景

分组进行,5 ~ 6人一组,每组配备综合构建套装,要求一组内的半透明彩片要一样长。

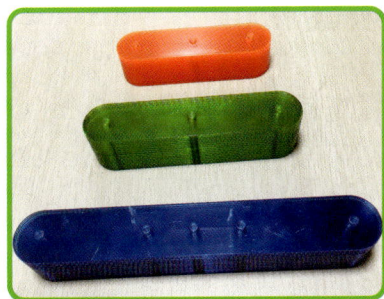

活动过程

1.简单复习"圆形、三角形和正方形"活动

教师带领幼儿简单复习"圆形、三角形和正方形"活动,引导幼儿回忆并说出三个简单图形的特点。

2.拼搭三角形和正方形

教师请幼儿分组各自拼出三角形和正方形。

3.认识梯形与长方形

"大家都把三角形和正方形拼出来了,现在我们做个小实验,各在两个图形中任意加上两条边,看看它们变成了什么。"教师引导幼儿拼出梯形与长方形,引导幼儿发现它们的特点。

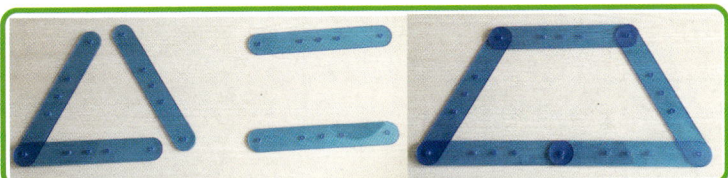

(它们都有四条边和四个角,但是它们四条边不是都一样长的,长方形对边两两相等,梯形上下边不一样长,就像梯子一样)

延伸活动

在教室里指一指、说一说有没有长方形和梯形,生活中碰到过这两种图形的物品吗?

球体、正方体和圆柱体

大班

认识球体、正方体和圆柱体等简单的三维图形。

活动准备

1.材料准备

橡皮泥、守恒量具、沙子以及水。

2.搭建活动场景

活动前先用橡皮泥搭建好三个立体图形以备用。

可分小组进行，每组放置一组橡皮泥供幼儿搭建，也可每个幼儿发一定量的橡皮泥进行搭建。

活动过程

1.简单复习已认识的平面图形

教师带领幼儿简单复习认识过的平面图形，一起说说各种图形的特点。

平面图形：

三角形　　圆　　正方形

梯形　　长方形

2.认识立体图形

"大家发现了吗？我们之前认识的都是在平面上的图形，今天我们来认识几个立体的图形。"教师引出三维图形，随后请幼儿说说有没有已经认识的三维图形，给大家介绍一下。

3.认识球体、正方体和圆柱体的特征

教师拿出搭建好的三个图形，请幼儿仔细观察并总结三个图形的特点，球体圆圆的没有边，切开来截面也是圆的；正方体有12条边（棱）而且都相等；圆柱体周围也是圆圆的，但是从两底切开它，它的截面是长方形。

4.幼儿自己搭建立体图形

教师分发橡皮泥，请幼儿自己来搭建这三个立体图形，看看谁搭得最好看。

延伸活动

利用守恒量具、沙子以及水来铸一个正方体和圆柱体。

教师指导建议

引导幼儿体验立体图形和平面图形的区别。

科学小知识

许多体育用品是球体的，如足球、篮球、乒乓球、网球等，星体也是球体。

小班

中班

大班

北京市西城区棉花胡同幼儿园

北京市丰台区第一幼儿园

上海市瑞金一路幼儿园

北京石景山区实验幼儿园

壹步部分服务园所

上海浦东冰厂田幼儿园

上海市静安区安庆幼儿园

上海市儿童世界基金会普陀幼儿园

上海市奉贤区解放路幼儿园

华东师范大学附属幼儿园

浙江省海亮国际幼儿园

上海市虹口区实验幼儿园

图书在版编目(CIP)数据

现代幼儿园科学活动案例/壹步幼儿学习资源著.—上海:复旦大学出版社,
2016.11(2019.6 重印)
ISBN 978-7-309-12631-0

Ⅰ.现… Ⅱ.壹… Ⅲ.幼儿园-教学活动-教学设计 Ⅳ.G612

中国版本图书馆 CIP 数据核字(2016)第 261497 号

现代幼儿园科学活动案例
壹步幼儿学习资源 著
责任编辑/查 莉 赵连光

复旦大学出版社有限公司出版发行
上海市国权路 579 号 邮编:200433
网址:fupnet@ fudanpress.com http://www.fudanpress.com
门市零售:86-21-65642857 团体订购:86-21-65118853
外埠邮购:86-21-65109143 出版部电话:86-21-65642845
上海丽佳制版印刷有限公司

开本 889×1194 1/12 印张 13 字数 329 千
2019 年 6 月第 1 版第 3 次印刷

ISBN 978-7-309-12631-0/G·1658
定价:50.00 元